Die

Dispositionsbefugniß der Parteien

im Civilprozeß.

Ein Beitrag zum Entwurfe der Prozeßordnung
für den preußischen Staat

von

Dr. phil. Theodor Heidenfeld,
Königl. Rechtsanwalt und Notar.

Berlin.
Verlag von J. Guttentag.
1868.

Uebersicht des Inhalts.

Einleitung.

§. 1.

Die Dispositionsbefugniß der Parteien und der Prozeßbetrieb durch dieselben nach dem preußischen Entwurfe.

Die Dispositionsbefugniß der Parteien über das Streitobjekt ist eines der „geflügelten Worte“ der Rechtswissenschaft.

Die Motive zum Entwurfe der preußischen Prozeßordnung erwähnen dieselbe mehrfach (S. 20 zu den §§. 34—38, S. 109 zu §. 471, S. 94 zu §. 421 und S. 330 zu §. 1361) und rechtfertigen einzelne Bestimmungen des Entwurfs aus dieser „Herrschaftsbefugniß“, stellen sogar (S. 20 a. a. O.), gelegentlich der Vorschriften über die Prorogation des Gerichtsstandes, ausdrücklich das Prinzip auf:

„daß dem Willen der Parteien eine möglichst große Einwirkung zu gestatten ist“,

ohne sich jedoch mit diesem Grundsatz systematisch so auseinanderzusetzen, wie dies in der Einleitung mit den Prinzipien der Mündlichkeit, der freien Beweiswürdigung, des unmittelbaren Prozeßbetriebs durch die Parteien und bezüglich der Stellung des höchsten Gerichtshofes geschehen ist. Auch ist jene Dispositionsbefugniß im Entwurfe selbst nicht so konsequent, wie dies z. B. in der hannöverschen Prozeßordnung der Fall ist, durchgeführt.

Den Schein, daß die Frage nach der Dispositionsbefugniß identisch sei mit der andern über den Prozeßbetrieb unmittelbar durch die Parteien, weisen die Motive (S. 5), sofern man die Dispositionsbefugniß der Parteien als den Gegensatz zur Einschränkung derselben durch den Richter in Betreff der Prozeßhandlungen ansieht, schon selbst durch folgende Bemerkung von der Hand:

„Kaum einer Erwähnung bedarf es, wie wenig hierbei die sogenannte Verhandlungsmaxime oder auch nur die sogenannte richterliche Prozeßleitung in Frage kommt, sofern man unter der letzteren die Befugniß des Gerichts versteht, dem Prozeßrecht widerstrebende oder nach Lage der Sache ungeeignete Anträge zurückzuweisen und den Parteien, welche Anträge stellen, innerhalb gewisser Schranken vorzuschreiben, welchen Gang das Verfahren zu nehmen habe. Die Verhandlungsmaxime kann in der größten Strenge bestehen, das Prozeßleitungsrecht auf den geringsten Umfang beschränkt sein, gleichwohl aber das Prinzip des Prozeßbetriebes durch gerichtliche Vermittelung gelten und umgekehrt in der letzteren Hinsicht das entgegengesetzte Prinzip Geltung haben, dennoch die Verhandlungsmaxime mehr oder weniger beseitigt und ein Prozeßleitungsrecht in großem Umfange anerkannt sein".

Der Prozeßbetrieb durch die Parteien hat in der Wirklichkeit weitaus weniger zu bedeuten, als das Wort verspricht. Hält man sich an das Letztere: so würde man darunter in der That die vollständige Herrschaft der Parteien über das Prozeßverfahren im Ganzen und Einzelnen — ihre Macht, dem Prozesse willkürliche Gestaltung zu geben — mit einem Worte den sogenannten Konventional-Prozeß, von dem die Lehrer des gemeinen deutschen Prozesses vielfach sprechen, zu verstehen haben. In Wahrheit reduzirt sich aber der „Betrieb durch die Parteien" im Wesentlichen darauf, daß gewisse nach Form und Frist vom Gesetze bestimmte Prozeßhandlungen, welche die spruchrichterliche Thätigkeit vorbereiten oder den Richterspruch in Vollzug setzen, nicht vom Richter ausgehen oder geleitet werden, sondern der Thätigkeit theils der Parteien, theils gerichtlicher Beamten (Gerichtsschreiber, Gerichtsvollzieher) anheimfallen.

cf. Mittermaier, der gemeine deutsche bürgerliche Prozeß, I. Beitrag bezüglich des französischen Prozesses, S. 66. 67. 68. 121/22.

So soll auch nach dem preußischen Entwurfe — und in ähnlicher Weise nach dem Entwurfe einer allgemeinen Civilprozeßordnung für die (früheren) deutschen Bundesstaaten, §. 123 squ., §. 155 squ. — den Parteien die Pflicht obliegen:

a. dem Staatsanwalt oder einander die für einander bestimmten Schriftstücke durch Vermittelung des Gerichtsvollziehers oder ohne dieselbe zuzustellen, §§. 142 squ. 174. 295. 300. 302. 310. 621. 661. 743. 750. 854. 1354. 1355, wozu auch die Bestellung der Anwälte gegen einander gehört, §§. 298. 236,

b. einander und Zeugen oder Dritte zu Terminen zu laden, §§. 303. 304. 317. 336. 368. 419. 523. 583. 783. 850. 406 resp. Dritte zum Eintritt in den Prozeß aufzufordern, §. 768,
c. die Kommunikativdekrete selbst zu kopiren, §. 245,
d. die öffentlichen Bekanntmachungen in der gesetzlich oder richterlich bestimmten Art zu erlassen, §§. 191. 195. 1293,
e. die Erledigung der richterlich angeordneten Beweisurtheile zu veranlassen §. 397, und erforderlichenfalls um einen andern Richterkommissar zu bitten, wenn der zur Eidesleistung, zum Zeugniß oder Gutachten Verbundene nicht am vorausgesetzten Orte befindlich ist, §. 410,
f. die Beweisurkunden, soweit dies möglich, selbst zu beschaffen, §. 261, ebenso die Prozeßurkunden und die erlassenen Urtheile in Ausfertigung dem Gerichte vorzulegen, §§. 318. 373,
g. die Eidesnorm, deren Ableistung gefordert wird, selbst anzugeben, als eine Folge der allgemeinen Pflicht, die Beweismittel bestimmt zu bezeichnen, §. 307.

Als Konsequenz hiervon ist den Parteien ferner die Pflicht auferlegt:

h. die Fortsetzung der Sache zur weiteren Verhandlung (§§. 316. 336) und zum Urtheilsspruch (§§. 365 squ. 1293), wenn der Richter in dem vor ihm anstehenden Verhandlungstermine die weitere Verhandlung und den Zeitpunkt der Urtelsfassung (§. 337) nicht zu bestimmen vermag, oder das Urtel nicht sofort abfassen kann — ebenso die Betreibung der Exekution zu besorgen.

Der §. 235 des preuß. Entwurfs bestimmt zwar:

„Der Prozeß wird von den Parteien betrieben, soweit das Gesetz nicht das Gericht zur Prozeßleitung ermächtigt“.

Damit soll aber nach der ganzen Anlage und dem Sinne des Entwurfs wenigstens durch diese Bestimmung den Parteien nicht das Recht eingeräumt sein, den Prozeß und seine vom Gesetz bestimmten Formen willkürlich zu gestalten, oder im Prozesse eine Handlung beliebig vorzunehmen oder zu unterlassen, oder die richterliche Prozeßdirektion, soweit sie für die spruchrichterliche Funktion erforderlich ist, einzuschränken oder gar auszuschließen, so daß der Entwurf keinen Zweifel darüber läßt, daß die sogenannte Parteien-Disposition und der Prozeßbetrieb durch die Partei nicht als identisch gelten sollen. Dem Richter ist insbesondere die Befugniß beigelegt:

a. das persönliche Erscheinen der Parteien zu fordern §. 263,
b. Erklärungen von der Partei zu verlangen §. 266, insbesondere auch den Verklagten zur Einlassung auf die Hauptsache anzuweisen §. 334,
c. Prozesse zu verbinden, zu trennen und zu sistiren, „selbst gegen den Antrag des Gegners“, §§. 267. 268. 272. 303. 391,
d. die Parteiakten einzufordern §§. 294. 338,
e. Beweis trotz vorliegender Kontumaz zu erheben §. 367. 371. 644. 792, und resp. einen neuen Verhandlungstermin von Amtswegen anzuberaumen §. 375,
f. Angriffs- und Vertheidigungsmittel ohne Weiteres zu verwerfen §. 324, an Stelle vorgeschlagener Gutachten andere zu ernennen §. 501, selbst von Amtswegen die Vernehmung von Gutachten anzuordnen §. 507 und ein einstimmiges Gutachten zu verwerfen §. 508,
g. verspäteten Beweis zuzulassen §. 416.

Die materielle Entwickelung des Streitverhältnisses soll daher, wie im französischen Prozeß, der Verhandlung vor dem erkennenden Richter und seinem Einflusse vorbehalten bleiben.

§. 2.

Die einzelnen Fälle der Dispositionsbefugniß im preußischen Entwurf.

Daß die Dispositionsbefugniß der Parteien im preußischen Entwurfe nur kasuistisch behandelt ist, daß also Grundsätze vermißt werden, welche das damit bezeichnete Prinzip und den damit verbundenen Begriff genau erkennen ließen, und die Grenzen ihrer Zulässigkeit oder Unzulässigkeit bestimmten, ergiebt der Entwurf unzweideutig.

Es wird in demselben, was zuvörderst die einseitige Disposition — das Wort im weitesten Sinne genommen, als das Recht der Partei, im Prozesse Etwas zu thun oder zu unterlassen, je nach ihrem Belieben — anlangt, insbesondere als Recht der Partei bezeichnet:

a. außer dem Anwalt im Verhandlungstermine das Wort zu nehmen §. 255,
b. auf Nichtigkeiten (§. 292) ebenso auf die Einlegung von Rechtsmitteln (§. 607) zu verzichten,
c. den Gegner zu einer früheren Sitzung zu laden §. 305,
d. die Vertagung zu fordern §. 310,

e. in dem Verhandlungstermine von den früheren Anträgen abzuweichen §. 313,

f. Urkunde über gegnerische Zugeständnisse und Anerkenntnisse zu fordern §. 314,

g. Nova vorzubringen, so lange kein bindendes Urtheil über den speziellen Streitpunkt vorliegt §. 319,

h. die Einsicht der Urkunden vom Gegner zu fordern §. 325,

i. der Beweisaufnahme beizuwohnen §. 409,

k. eine Sache im gewöhnlichen, statt im vereinfachten Prozesse anhängig zu machen §. 560.

Dagegen ist der einseitigen und gemeinsamen Disposition, namentlich der letzteren, Erwähnung geschehen in der Lehre:

I. vom Gerichtsstande §§. 34—38 (cfr. auch die Ausnahmen daselbst und §. 1 nebst den Motiven dazu, welche die Uebergehung einer Instanz für unzulässig erklären),

II. von den Fristen, §§. 211—220 (desgl. die Ausnahmen a. a. O.),

III. von der Kaution — bei Anstellung der Klage §. 139 und bei Bestellung des Sequesters §. 1154 —,

IV. von der Insinuation von Anwalt zu Anwalt §. 174,

V. von der Rücknahme der Klage §. 229,

VI. von der Aenderung der Klage §. 233,

VII. von der Verlesung der Parteien-Anträge in der Audienz §. 311 alin. 2,

VIII. von den Zeugen — bezüglich der zu vernehmenden Person §§. 463. 464. 465, Benennung nach erlassenem Beweisurtheil §. 494, Verzicht auf Abhörung §. 477 alin. 2, Verzicht auf Vereidung §. 471,

IX. von den Sachverständigen — Vernehmung eines Stellvertreters §. 503, Verzicht auf Vereidung §. 504,

X. vom Eide — Aenderung der Eidesnorm und der Person des Schwörenden §. 522, Erlaß des Eides §. 525, und bei dem Litiskonsortium §. 539 alin. 2,

XI. von der Entscheidung in der Berufungs-Instanz — Zulässigkeit materieller Entscheidung §. 639, Verzicht §. 600.

XII. von der Wiederaufnahmeklage — Heilung nicht gehöriger Vertretung §. 686 alin. 2,

XIII. von der gerichtlichen Versteigerung §. 1059,

XIV. von der Sequestration §. 1157,

XV. von der Subhastation — Aenderung der gesetzlichen Bedingungen §. 1204, Zulassung am Bieten §. 1205, Widerspruch gegen den Zuschlag §. 1209,

XVI. vom Kompromiß — Zulässigkeit überhaupt §. 1361, und Bestimmung der Form des Verfahrens §. 1370.

§. 3.
Die Aufgabe dieser Abhandlung.

Die vorliegende Abhandlung stellt sich deshalb die Aufgabe, den Begriff und die Frage nach der Zulässigkeit der Parteien-Dispositionsbefugniß zu prüfen nnd diese Frage zu beantworten.

Diese Feststellung hat zuvörderst ein rechtswissenschaftliches Interesse, weil sie keine künstlich geschaffene, sondern eine in der Theorie, namentlich von den Lehrern des deutschen gemeinen Prozesses vielfach angeregte, wenn auch weder erschöpfend behandelte noch sachgemäß beantwortete Frage betrifft, — sie hat ferner ein rechtsgeschichtliches Interesse, weil eine Betrachtung besonders des älteren römischen Prozesses unmittelbar zu der Frage nach der Berechtigung der Parteien-Disposition hindrängt — sie hat endlich auch ein erheblich praktisches Interesse, da alle Prozeßgesetzgebungen — selbst die Allgemeine Gerichtsordnung für Preußen nicht ausgenommen — mehr oder minder Fälle einer solchen Dispositionsbefugniß aufführen, und bei dem Entwurf eines neuen Prozeßgesetzes die Erwägung nahe gelegt ist, ob diese Fälle eine innere Berechtigung haben und, wenn dies der Fall, ob von dem Grundsatze der Herrschaftsbefugniß der Parteien über das Streitobjekt ein ausgedehnterer Gebrauch in der Gesetzgebung zu machen sei.

Man könnte sagen, die Frage, deren Beantwortung hier erfolgen soll, hänge mit der Strömung der Zeit zusammen, oder entnehme doch wenigstens den Schein von ihr. In einer Zeit, wo das Prinzip der Selbsthilfe — der individuellen Selbstständigkeit — nach allen Richtungen hin Geltung beansprucht, könnte in der That der Schein leicht rege werden, daß sich als eine Konsequenz jenes Prinzips das Streben rechtfertige, den Civilprozeß von den strengen, die Parteienwillkür ausschließenden Formen zu befreien und den streitenden Theilen einen größeren Einfluß auf die Entwickelung des streitigen Verhältnisses einzuräumen.[1])

[1]) Auf diesen Schein weist auch Ihering, Geist des römischen Rechts, III. Theil I. Abtheil., §. 50 S. 16, mit den Worten hin:

„So scheint der Prozeß, d. i. der durch gesetzliche Vorschriften geregelte Gang der Verhandlung und Entscheidung von Rechtsstreitigkeiten, nur ein Ausfluß der polizeilichen Bevormundungs-Theorie zu sein,“ er fügt aber sogleich hinzu: „Es würde Jemand nicht viele Prozesse zu führen brauchen, um sich von der Irrigkeit dieser Ansicht zu überzeugen.“

Geradezu ausgesprochen ist in den Motiven zur hannöverschen Prozeßordnung (vergl. §. 18), daß es die Aufgabe des Gesetzgebers sei, die Bevormundung, welche nach bestehendem Prozeßrecht die Richter über die Parteien üben, zu beseitigen.

§. 4.

Verhältniß der Dispositionsbefugniß zu der Inquisitions- und Verhandlungs-Maxime.

Es muß hier von Hause aus einem möglichen Mißverständniß vorgebeugt werden. Die vorliegende Abhandlung hat nämlich nicht den Zweck, die Lehre von der Inquisitions- und Verhandlungs-Maxime unter einem andern Aushängeschilde zu ihrem Gegenstande zu machen. Beide Maximen betreffen die Frage nach dem Umfange und den Grenzen der richterlichen Prozeßleitung und nach der Ausdehnung des richterlichen officium suppletorium. Wäre die hier zu erörternde Frage die bloße Kehrseite zu jener: so würde der Gegenstand unserer Erörterung sich in der Frage erschöpfen:

> ob und inwieweit ist den Parteien die Leitung des Prozesses zu überlassen, und event. inwieweit hat der Richter die Pflicht, sie dabei zu unterstützen?

Diese Frage würde aber gewissermaßen die Dispositionsbefugniß des Richters im Prozesse betreffen. Gleichwohl interessirt sie allerdings bei der hier anzustellenden Untersuchung, denn eine völlig durchgeführte Dispositionsbefugniß der Parteien würde konsequent auch die Prozeßleitung denselben gänzlich überantworten und den Richter unter den Willen der Parteien stellen müssen. Andererseits ist geradezu die eine der beiden genannten Maximen aus der Dispositionsbefugniß der Parteien abgeleitet worden. Der mögliche Wirkungskreis der letzteren wird aber durch die Funktion der Prozeßleitung nicht erschöpft, weil neben dieser auch die Prozeßhandlungen der Parteien und die Formen des Verfahrens den Inhalt des Prozeßrechts bilden.

Es mag hier nur beispielsweise auf die prorogatio fori, auf die Aenderung und Rücknahme der Klage mit gegnerischem Konsense, auf die Rücknahme des Eidesantrages hingewiesen sein, um zu zeigen, daß bei dem Gegenstande der vorliegenden Abhandlung eine ganze Anzahl Fragen, welche mit jenen Maximen nichts zu schaffen haben, zur Sprache zu bringen sind.

Das Nähere über die Stellung der letzteren zu dem hier zu behandelnden Gegenstande ist im §. 51 dargelegt worden.

A. Historischer Theil.

I. Römisches Recht.

§. 5.
Das ältere Recht.

Im älteren römischen Rechte — jedenfalls bis zur Zeit Diocletian's — bewegte sich der Civilprozeß durch eine Reihe von Verträgen hindurch, welche für das Verfahren geradezu formgebend waren, und ohne welche der Prozeß zur Unmöglichkeit wurde. Der Dispositionsbefugniß der Parteien war, wenigstens anscheinend (ob eine solche wirklich vorlag, wird hier vorläufig ignorirt) ein weitgreifender Einfluß eingeräumt, es war im vollen Sinne des Wortes ein Vertragsprozeß.

Selbst die prozeßrichterliche Leitung des Prätors war sehr eingeschränkt, die des iudex in noch weit höherem Grade, da er nur so viel Rechte hatte, als zur Erfüllung seiner spruchrichterlichen Thätigkeit unentbehrlich waren. Es fehlte ihm jede Exekutiv- und Strafgewalt, die zur Sicherung des Erfolges nöthigen Maßregeln traf der Prätor.

Der Richter war ein mit dem ius respondendi versehener Jurist, er ertheilte sein Gutachten über die Rechtsfrage, er konnte den Parteien im Laufe des Prozesses nichts auferlegen, sie nicht citiren.[1a]

Selbst der Prätor hatte nicht einmal die Gewalt, den Verklagten zur Einlassung auf den Prozeß zu nöthigen. Die Einleitung des Prozesses war so lange unmöglich, als bis der Verklagte vor den Prätor gebracht war. Um dies zu bewerkstelligen, gestattete man dem Kläger die Selbsthilfe, manus iniectio. So bestimmen die zwölf Tafeln:

> Si in ius vocat, ni it, antestator; igitur em capito; si caloitur pedemve struit manum endo iacito.[2]

Hat der Verklagte erst einmal dem Vorschlage des Klägers, richterliche Entscheidung einzuholen, seine Weigerung entgegengesetzt, so braucht dieser, wenn der Verklagte auch hinterher dem Wunsche des Klägers entsprechen will, nicht mehr darauf einzugehen, die Selbsthilfe hat nunmehr ihren freien Lauf.[2a]

[1a] v. Bethmann-Hollweg, römischer Civilprozeß, Bd. II. Seite 107, und Ihering a. a. O. Thl. I. 2. Auflage, §. 12 Seite 172.

[2] Vergleiche über die Bedeutung dieser Worte Becker, die prozessualische Konsumption im klassischen römischen Recht, S. 105—109.

[2a] Ihering, Geist des römischen Rechts, Thl. I. §. 12 Seite 170.

Durch das vadimonium wurde zwischen den Parteien der Termin verabredet, an welchem sie vor dem Magistrat erscheinen wollten, um ihren Rechtsstreit vorzubringen.[3])

Durch Vertrag wurde der Richter von den Parteien festgestellt, und zwar war dies selbst ohne Mitwirkung des Magistrats zulässig.

Cic. pro Cluent. c. 43: Neminem voluerunt maiores nostri non modo de existimatione cuiusquam, sed ne pecuniaria quidem de re minima esse iudicem, nisi qui inter adversarios convenisset.[4])

Durch Vereinbarung (stipulatio iudicio sisti) begründeten die Parteien die Kompetenz des an sich inkompetenten Richters, soweit nicht der Mangel der Gerichtsbarkeit in den Weg trat, und es sich nicht um eine extraordinaria cognitio handelte. Ueber die Person des Richters einigten sich die Parteien als einen „beiderseitigen Vertrauensmann," und insofern hatte er zugleich die Natur eines Schiedsrichters, daher die Bemerkung eines römischen Juristen:

compromissum ad similitudinem iudiciorum redigitur. (l. 1. Dig. 4, 8.)[5])

Durch Vertrag konnte ein dies feriatus zum Gerichtstage gemacht werden.[6])

Nullität der Verhandlung trat nur ein, wenn gegen den Willen der Parteien an einem Festtage gerichtlich verhandelt wurde.

l. 1. §. 1, l. 6 (nisi ex voluntate partium) Dig. 2, 12.

Ein Vertrag gab in der ältesten Zeit die Form für den ganzen Rechtsstreit her — die legis actio per sacramentum —, so daß der Richter nur entschied, utrius sacramentum iustum, utrius iniustum

---

[3]) v. Bethmann-Hollweg a. a. O., Band I. S. 111, Band II. S. 198; Puchta, Institutionen, Bd. II. 5. Aufl., S. 80, 81; Keller, der römische Civilprozeß, 3. Ausgabe, S. 190, 194, 198.

[4]) v. Bethmann, Bd. I. S. 176, Bd. II. S. 455, 459, 655. Keller, S. 17, 36. Puchta, S. 32, 33, 41, 45; die iudicis datio bestand übrigens noch in der Kaiserzeit; die Ansicht Puchta's a. a. O. S. 48, daß l. 47. D. 5, 1: „observandum est, ne is iudex detur, quem *altera* pars nominatim petat, id enim iniqui exempli esse, D. Hadrianus rescripsit" das Gegentheil bestätige, ist von Bethmann-Hollweg a. a. O. Bd. II. S. 460 meines Erachtens durch die Bemerkung widerlegt, daß das Gewicht auf *altera* zu legen und also beide Theile bei der Wahl des Richters mitwirken müssen; vergleiche auch v. Bethmann, Bd. III. S. 131 a. a. O.

[5]) Puchta, l. c. S. 16, 19, 20; v. Bethmann Bd. II. S. 119, 120, 121, Note 21 daselbst; Bd. III. S. 185 (wonach die prorogatio fori auch in der Kaiserzeit zulässig war).

[6]) Puchta, l. c. S. 75; Keller, l. c. S. 15, 280; v. Bethmann, Bd. III. S. 193 (das Nämliche für die Kaiserzeit).

sit, und nur hiermit *implicite* über den eigentlichen Streitgegenstand erkannte. Der Prozeß wurde so in eine Wette verwandelt, der bestrittene Anspruch zum Gegenstand der Stipulation gemacht.[7])

Diese Form der Einkleidung des Prozesses erhielt sich auch beim Institut der formulae als eine „Wette durch Stipulation", als eine „sponsio" mere praeiudicialis, die eben nur den Zweck hatte, ein iudicium über das streitige Recht zu erlangen, im Gegensatz zur sponsio poenalis, welche für den Verlust des Prozesses zugleich eine Konventionalstrafe festsetzte, während bei jener der Beklagte die sponsionis summa, in die er kondemnirt wurde, nicht wirklich zu leisten hatte.[8])

Bei dem Uebergange von dem System der legis actiones zu dem der formulae wurde die Form der sponsio für ordentliche Privatrechtsverhältnisse sehr erheblich als Prozeßorgan benutzt, namentlich in allen Fällen, wo für das Privatrecht vom Prätor noch keine eigenthümliche formula geschaffen war, und ebenso wurden Incidentfragen in der Form der sponsio für die Möglichkeit eines iudicium verbreitet.[9])

Der erwähnten sponsio poenalis wurde zu Gunsten des Verklagten die restipulatio, welche der Kläger zu leisten hatte, entgegen gestellt.[10])

Eine ganze Anzahl Vereinbarungen wurden ferner im Unterschiede von den eben erwähnten benutzt, um einen Anspruch für die gerichtliche Verfolgung vorzubereiten oder einzuleiten oder zur weiteren Verhandlung einer Klage — es sind die sogenannten *praetoriae stipulationes:* iudicatum solvi — ex operis novi nunciatione — ratam rem haberi — rem pupilli, furiosi cet salvam fore — de legatis — damni infecti —

---

[7]) v. Bethmann a. a. O., Band I. S. 121; Keller, l. c. S. 48, 52; Puchta, S. 85, 88, 91, 150; Ihering l. c. Theil I. §. 18a, S. 299, welcher mit Bezug auf die Natur des sacramentum den ältesten römischen Prozeß als den „Prozeß am geistlichen Schiedsgericht" bezeichnet, und §. 12 S. 173: „Von einer Verurtheilung ist dabei keine Rede — es wird ostensibel über eine ganz andere Frage erkannt, als um die es den Parteien eigentlich zu thun ist, und nur mittelbar wird auch letztere entschieden. Wie wenig aber selbst dieser mittelbaren Entscheidung die Idee einer Verurtheilung inne wohnt, geht am besten daraus hervor, daß die Anwendung dieser Prozeßform in Fällen vorkam, wo eine Verurtheilung oder Exekution undenkbar war, weil es sich gar nicht um einen rechtlichen Anspruch, sondern um den Beweis einer beliebigen Behauptung handelte." — das Beispiel vom Verdienste der siegreichen Seeschlacht bei Valer. Maxim. lib. II. c. 8 Nr. 74 —, ebenso Theil III. §. 50 S. 22.

[8]) Keller, l. c. S. 101, 102, 151, 152; v. Bethmann, l. c. Bd. I. S. 153, „Präjudizialwette", Bd. II. S. 232, cfr. auch wegen der stipulatio pro praede litis et vindiciarum bei der in rem actio, v. Bethmann, l. c. Bd. II. S. 234.

[9]) Keller, l. c. S. 103, 104.

[10]) Puchta, l. c. S. 68, 69; Keller, S. 102, 242.

die vadimonia iudicio sisti. Noch im justinianeischen Recht wurde die Litiskontestation durch die stipulationes iudicatum solvi — ratam rem haberi — iudicio sisti — de prosequenda lite bestärkt.[11])

Als Vertrag oder doch als Quasi-Kontrakt behandelten die Römer ferner die Feststellung des status causae et controversiae — die litiscontestatio, den Abschluß des Verfahrens in iure.

Cic. de leg. III. 3, 6 „lites contractas indicanto", l. 3, §. 11. Dig. 15, 1, iudicio contrahi".

Wie der Kläger selbst (re in iudicium deducta), so hat auch der Beklagte durch Einlassung auf den Prozeß (iudicium acceptum) sich schon jetzt dessen eventuellem Ausgang, dem Urtheil unterworfen. Da diese neue Obligation durch den Willen beider Theile begründet wird, so hat die Litiskontestation die Natur eines Vertrages.[12])

Ebenso behandelten die Römer die confessio in iure und das Eidesverfahren, als Vertrag, weil in beiden Fällen durch eine freie Privatdisposition der Parteien nicht blos eine Thatsache, sondern die Rechtsfrage — der ganze Streit oder ein Inzidentpunkt — außer Zweifel gestellt wurde.

l. 1. pr. D. 44, 5: Jusiurandum vicem rei iudicatae obtinet, non immerito *cum ipse quis iudicem adversarium suum de causa sua fecerit*, deferendo ei ius iurandum, l. 28. §. 2. D. 5, 1.[13])

Die Verknüpfung von ius und iudicium wurde dadurch bewirkt, daß die Parteien nach Verabredung gemeinschaftlich den iudex angingen (ad iudicem itur), ebenso beruhte das ganze Verfahren in iudicio auf Konvenienz.[14])

---

[11]) Puchta, l. c. S. 153; Keller, l. c. S. 87, 322 seq.; v. Bethmann, l. c. Band II. S. 527, 727 seq., Band III. S. 261; Schirmer, „die prätorischen Judizialstipulationen", welcher annimmt, daß dieselben nicht blos die Vorbereitung eines Klagerechts für die gerichtliche Verfolgung, sondern auch die materielle Sicherung und Gewährung eines Klagerechts zum Zweck hatten. S. 104, 105.

[12]) v. Bethmann, l. c. Band II. S. 487; Keller, l. c. S. 260, 261; Ihering, a. a. O. Theil I. §. 12 S. 172, welcher einen wirklichen Vertrag annimmt, den Richterspruch als eine Bedingung ansieht, „unter der die Parteien sich Etwas versprochen haben", weil erst „die ausdrückliche, wenn auch indirekt erzwingbare Bewilligung" des Beklagten zur Einlassung erforderlich gewesen; ebenso v. Savigny, System des heutigen römischen Rechts. Bd. VI. S. 33 für das ältere Recht.

[13]) cf. Keller l. c. S. 262 squ. 267; Puchta l. c. S. 191, 192; v. Bethmann l. c. Bd. II. S. 552, 574; Ihering l. c. Th. I. §. 12, S. 167.

[14]) v. Bethmann l. c. Bd. II. S. 586; Heffter, System des römischen und deutschen Civilprozeßrechts, 2. Ausgabe, S. 359.

Wer sich auf Zeugen berief, mußte sie selbst stellen, der Produzent verhörte, der Gegner interrogirte sie, der Judex hörte dies Kreuzverhör an — es bestand wegen des Zeitpunktes zur Anbringung der Beweismittel volle Freiheit für die Parteien, eine Trennung des Beweisverfahrens von der übrigen Instruktion fand nicht Statt, ebenso wenig aber eine Formaltheorie für die Würdigung des Beweises: der iudex entschied nach seiner freien Ueberzeugung.[15]) Durch Vertrag konnte ferner eine Absolution des Beklagten herbeigeführt werden, wenn nach der litiscontestatio und vor Entscheidung in iudicio der Beklagte den Kläger befriedigte oder sie sonst es wollten.

Cic. pro Q. Rosc. c. q. Dic pactionem fecisse, ut absolveretur; Keller l. c. S. 285.

Ebenso konnte ein Liegenlassen des Prozesses durch Vereinbarung herbeigeführt werden.[16])

In der Zeit, wo die Appellation gegen Urtheile zulässig war, konnten die Parteien durch Vertrag dieselbe ausschließen, und über die Fristen zu ihrer Begründung und Verfolgung paziszиren.[17])

§ 6.
Das Justinianeische Recht.

Mit der Aufhebung des ordo iudiciorum hörte dieser Vertragsprozeß im Wesentlichen auf. Nunmehr lag Alles im arbiträren Thun des Richters, wofür schon die Bezeichnung cognitio statt des früheren Ausdruckes actio charakteristisch ist. Im älteren römischen Recht war die Partei der Handelnde (actor), der Richter nur der seine Meinung (sententia) Abgebende, das Recht Weisende (cf. dicere und δεικνυμι); im neuern römischen Recht lag die Hauptthätigkeit in der Hand des erkennenden Richters (cognitio). Diese Umkehr der Verhältnisse zeigt recht evident eine Vorschrift Constantins beim Eigenthumsstreit: erst solle der Kläger beweisen, und falls ihm dies nicht

[15]) Heffter a. a. O. S. 359, 454; Keller l. c. S. 275; v. Savigny a. a. O. Bd. 5. S. 188; v. Bethmann Bd. II. S. 597, 607; Cic. de re publ. I. 38: apud bonum iudicem argumenta, plus quam testes valent, ebenso noch zur Zeit Hadrian's l. 3. §. 1, 2, 4. D. 22, 5: quae argumenta ad quem modum probandae cuique rei sufficiant, nullo certo modo definiri potest.

[16]) Puchta l. c. S. 182, Note h; v. Bethmann l. c. Bd. II. S. 492; Brackenhöft, Erörterungen über die Materien des allgemeinen Theils S. 361 wegen l. 13 C. 3, 1; Heffter l. c. S. 543, 544.

[17]) Puchta l. c. S. 259; v. Bethmann l. c. Bd. II. S. 703; l. c. §. 6. Cod. VII, 63 für die spätere Zeit.

gelinge, solle der Beklagte seinen Besitz durch sein Recht an der Sache darthun, damit das wirkliche Recht und die absolute Wahrheit an's Licht komme, „ut sic veritas examinetur“ (l. 1. Cod. Theod. 11, 39). Interessant ist in dieser Beziehung auch die lex unic. Cod. Theod. de iud. Tit. 18: Judicantem oportet cuncta rimari et ordinem rerum plena inquisitione discutere: interrogandi ac proponendi adiiciendique patientia praebita ab eo, ut ibi actio partium limitata sit, contentiones non occursu iudicis, sed satietate altercantium metas compresserint, saepius requiratus, et crebra interrogatione iudicis frequentatur, num quid novi resideat, quod annecti allegationibus in iudiciaria contentione conveniat, cum ad alterutrum hoc proficiat, sive definienda sit caussa per iudicem, sive ad nostram scientiam referenda, nec ad nos mittatur aliquid, quod plena instructione indiget.

Diese Inquisition ist indessen durch Justinian nicht anerkannt, obwohl auf der andern Seite auch der Dispositionsbefugniß der Parteien im justinianeischen Recht nur ein kleiner Spielraum zugemessen ist. Freilich kann auch für diese Zeit noch die Geltung des Grundsatzes iudicio contrahitur in gewissem Sinne behauptet werden, da es in der Natur der Sache liegt, daß Prozeßinstitute, um welche sich das Verfahren gewissermaßen konzentrirte, wie die Litiskontestation, von ihrem geschichtlichen Zusammenhange nicht völlig losgelöst werden konnten.[18])

Die Prozeßleitung war nunmehr in der Hand des Richters, er dirigirte die Parteien und den Prozeß, er befahl den Parteien die Ausführung von Prozeßhandlungen, es hing nicht mehr von ihrem Belieben, beziehungsweise ihrer Vereinbarung die Form und Entwickelung des Prozesses ab. Schon ein Gesetz Diocletian's vom Jahre 294 (l. 2. Cod. de pedaneis iudicibus, 3, 3), wies die Präsides an, sich überall als die untersuchenden und entscheidenden Gerichtsbehörden zu betrachten, nur wo ihnen die eigene Untersuchung und Entscheidung unmöglich werde, sollte ihnen erlaubt sein, iudices pedanei zu bestellen. Diese waren alsdann delegirt, sie waren nicht unabhängige „Civilgeschworene“ im Sinne des alten ordo iudiciorum.

Im justinianeischen Recht wurde der Verklagte vor das Gericht durch den Exekutor befohlen, nachdem der Kläger die Klageanmeldung (libellus conventionis) eingereicht hatte; der Exekutor konnte ihn, wenn

---

18) v. Bethmann l. c. Bd. III. S. 32, 272—274, 255; Heffter l. c. S. 7; Martin, Vorlesungen über die Theorie des deutschen gemeinen bürgerlichen Prozesses, S. 126, 249.

er nicht kavirte, iudicio sisti, in's Gefängniß bringen.[19]) Unter dem Einfluß des Richters erfolgen die Verhandlungen der Parteien mit einander über die das richterliche Urtheil vorbereitenden Punkte — es sind dies die cognitiones, διαγνωσεις.

Der Richter nöthigt den Verklagten, die auf das Prozeßverfahren bezüglichen Einreden vor der eigentlichen Einlassung auf die Klage anzugeben und zu beweisen. Der Richter bestimmt die Reihenfolge der Beweisführung: zuerst fordert er den Kläger zum Beweise des bestrittenen Klagepunkts, dann den Verklagten zum Beweise seiner Vertheidigungsgründe auf. Der Richter ladet die Zeugen vor, er verhört sie, er protokollirt ihre Aussagen. Der Richter legt, zur Ergänzung seiner Ueberzeugung, unter Umständen der Partei einen Eid auf.[20])

Er präkludirt die Parteien mit ihren Anführungen, nachdem die ihnen hierzu gegebenen Fristen verstrichen sind (l. 9 §. 13. Cod. 3, 1; Nov. 115. c. 2).

Der Richter läßt endlich im Wege der Exekution dem Verurtheilten die Sache durch seine Diener wegnehmen.[21])

Während im älteren römischen Recht die Dispositionsbefugniß der Parteien die Regel zu sein schien, kann von ihr im justinianeischen Rechte allenfalls nur noch in folgenden Punkten die Rede sein:

1) Auch jetzt bestimmen die Parteierklärungen noch den Status caussae et controversiae l. 18. D. 10, 3: — „quia ultra id, quod in iudicium dedoctum est, *excedere potestas iudicis non potest*", l. 3. §. 11. D. 15, 1: nam sicut stipulatione contrahatur cum filio, ita *iudicio contrahi*, proinde non originem iudicii spectandam, sed ipsam iudicati velut obligationem.[22])
2) Die Parteien haben bis zum Ablauf der ihnen schließlich gestellten drei Fristen Freiheit in Anbringung von Thatsachen und Beweismitteln.[23])

---

[19]) Das Erscheinen der Parteien ohne Ladung war wohl zulässig, l. 11, D. 2, 5 aber der Fortgang des Prozesses von dem bloßen freien Willen nicht abhängig.

[20]) Das jusiurandum iudiciale war allerdings für das Verfahren in iudicio schon dem älteren Recht bekannt, cf. Keller a. a. O. §. 66, S. 276 und die in Note 765 dort gegebenen Citate.

[21]) Puchta l. c. §§. 183—188.

[22]) v. Bethmann l. c. Bd. III. S. 255, Martin, Vorles. S. 126.

[23]) Heffter l. c. S. 454.

3) Es findet auch jetzt noch eine Bestärkung der Litiskontestation durch Kautionen statt.[24])

4) Den Parteien ist die prorogatio fori gestattet, doch unterliegt sie — wie wenigstens Manche wegen l. 2. §. 1. D. 5, 1 „et puto posse defendi, ejus esse iurisdictionem", (so v. Linde, Lehrbuch des deutschen gemeinen Civil-Prozesses, 7. Auflage, S. 129; Bayer Vorträge über den Civilprozeß, S. 235, 9. Auflage, und Martin Lehrbuch §. 60) annehmen — der Einwilligung des gewählten Richters.[25])

5) Die Parteien sind auch befugt, dem an sich inkompetenten Richter insoweit Kompetenz beizulegen, als sie die Grenzen seiner Gerichtsbarkeit auszudehnen vermögen, l. 74. §. 1. D. 5, 1: iudex qui usque ad *certam* summam *iudicare* iussus est etiam de re *maiore* potest, *si intra litigatores conveniat.*

Es wird aber auch hier die Genehmigung des Richters für erforderlich zu erachten sein, wenn sie auch nur in der Unterlassung eines Widerspruchs sich manifestirt.[26])

---

[24]) v. Bethmann l. c. Bd. III. II. 261.

[25]) Anderer Ansicht ist Heffter a. a. O. S. 197 und Brackenhöft l. c. S. 267. Note 8.

[26]) Nach älterem römischen Recht war die Erfüllung der Konvention nothwendig, um sie wirksam zu machen (l. 18. D. 2, 1: si convenerit, ut alius praetor, quam cuius iurisdictio esset, ius diceret et *priusquam adiretur* mutata voluntas fuerit, procul dubio nemo compelletur eius modi conventioni stare) und l. 1. D. 5, 1: si se *subiiciant* aliqui iurisdictioni *et consentiant*). Justinians Vorschrift aber, daß die Uebereinkunft, durch welche der Verklagte auf Inkompetenz des Richters sich zu berufen verzichte, bindend sein solle, hat den Richter ermächtigt, den Einwand der Inkompetenz unberücksichtigt zu lassen, sobald der Gegner eine solche Konvention durch eine Urkunde beweist; l. 51. Cod. 1, 3: si quis in conscribendo instrumento sese confessus fuerit non usurum forè praescriptione propter sacerdotii praerogativam sancimus, non licere ei adversus sua pacta venire et contrahentes decipere, quum regula sit iuris antiqui, omnes licentiam habere his, quae pro se indulta sunt renuntiare. Quam generalem legem in omnibus casibus obtinere sancimus, qui necdum per iudicialem sententiam vel amicabilem conventionem sopiti sunt; l. 29. Cod. 2, 3: „Si quis in conscribendo instrumento sese confessus fuerit, non usurum fori praescriptione — sancimus, nemini licere adversus pacta sua venire et contrahentes decipere. Si enim et ipso Praetoris edicto pacta conventa, quae neque contra leges neque dolo malo inita sunt, omnimodo observanda sunt, quare et in hac causa pacta non valeant, quum alia sit regula iuris antiqui, omnes licentiam habere his, quae pro se introducta sunt, renuntiare? — cf. Brackenhöft l. c. S. 266, 267.

6) Beim Beginn des Prozesses wird die Aenderung der Klage zugelassen, l. 27. D. 50, 17: — quia actionum modus — privatorum pactionibus non infirmatur — *nisi tunc, cum inchoatur actis, inter eos convenit.*[27])

Soweit ein Irrthum vorliegt, kann die Aenderung des Fundaments oder der Forderung sogar während des ganzen Prozesses erfolgen.

§. 35 Just. 4, 6: Si quis aliud pro alio intenderit, nihil eam periclitari placet, sed in *eodem iudicio*, cognita veritate *errorem* suum corrigere ei permittimus: veluti si is qui hominem Stichum petere deberet, Erotem petierit, aut si quis ex *testamento* sibi dare oportere intendent, quod' ex stipulatu debetur".

vergl. Bayer a. a. O. §. 171, dagegen Buchka l. c. §. 18 und Wetzel l. c. §. 70, S. 799.

§. 34 J. 4, 7: — Si minus in intentione complexus suevit actor quam ad eum pertineat — sine periculo agit; in reliquum enim nihilominus iudex adversarium in *eodem iudicio* condemnat." —

7) Auch die Wahl der Prozeßart ist wenigstens im Prinzipe den Parteien zugestanden, aber doch zugleich der richterliche Konsens vorausgesetzt. l. 3. §. ult. Cod. 12, 30 — sed si talis sit negotii vilitas, ut etiam sine scriptis *consentientibus videlicet partibus* super eo **possit cognosci** exspectato sine scriptis — habendae cognitionis eventu.[28])

8) Den Parteien wird die Vereinbarungs-Befugniß zur Aenderung von Fristen und Terminen eingeräumt, aber auch hier wird erfordert, daß der Richter nicht widerspricht.

l. 45 pr. D. 42, 1: acta apud se habita, *si partes consentiant, et iudex hoc permiserit, potest iubere ea die circumduci*, nisi vel negotium, vel lis terminata est.

---

[27]) Was jedenfalls auch für das ältere römische Recht bis zur Feststellung der Formel resp. bis zur litiscontestatio gilt, Brackenhöft l. c. S. 52. Wetzell, System des ordentlichen Civilprozesses S. 88. 799, Buchka Einfluß des Prozesses Bd. II. §. 18.

Anderer Ansicht ist Martin, Vorlesungen über die Theorie des deutschen gemeinen bürgerlichen Prozesses Bd. I. S. 87, Note 1, welcher diese Vertragsbefugniß „nicht sowohl auf den Prozeßgang als auf den Zeitpunkt der Entstehung des Klagerechts, der allerdings durch Nebenverträge modifizirt werden kann" bezieht. Diese Ansicht entspricht jedoch nicht dem Wortlaut. —

[28]) v. Bethmann l. c. Bd. III. S. 349. Brackenhöft l. c. Seite 54, Note 15.

l. 4. Cod. 3, 12: A procedente iudice dilationem non convenit postulari, etiamsi utraque parte praesente tribuatur, quum non alias, nisi causa cognita indulgeri queat, et cognitio caussae non interpellatione planaria, sed considente magis iudice legitime colligatur, ut si forte dilationis petitio fuerit improbata, suscepta questio per sententiam iudicis dirimatur. c. 5. §. 6. Cod. 7, 63: sin autem *partes inter se* scriptum interveniente *paciscendum* esse crediderint, nemini parti licere ad provocationis auxilium pervenire *vel ullum fatale observare*, *eorum pactionem firmam esse censemus.* Legum etenim austeritatem in hoc casu volumus pactis litigantium mitigari". [29])

9) Aus l. 13. §. 1. Cod. 3, 1 erhellt zugleich, daß den Parteien erlaubt war, auf die Appellation, und zwar schon vor Ablauf der Frist zu verzichten; l. 40. §. 1. D. 2, 14 und l. 1. §. 3. D. 49, 2.

10) Der Erlaß des Parteieneides wird in l. 6. l. 9. §. 1. D. 12, 2 erwähnt; l. 6 bestimmt: *Remittit* iusiurandum, qui deferente se quum paratus esset adversarius iurare, *gratiam ei facit, contentus voluntate suscepti iurisiurandi.*

Ebenso wird es den Parteien gestattet, irgend einen beliebigen Gegenstand unter Eid zu stellen, um von der Leistung desselben die Existenz oder Nichtexistenz einer Forderung abhängig zu machen.

l. 39. D. 12, 2: si quis cum debitore suo pepigerit, ne ab eo pecunia peteretur, si iurasset, se Capitolium non

---

[29]) Bayer l. c. S. 481 und Linde Handbuch Bd. V., Seite 34—39 beziehen diese Stelle blos auf die Zulässigkeit einer vertragsmäßigen Verzichtleistung auf den Gebrauch der Appellation. Die Ansicht, daß diese Befugniß durch l. 13. §. 1. Cod. 3, 1: censemus — omnes lites — non ultra triennii metas post litem contestatam esse protrahendas — überhaupt aufgehoben sei, (cf. Martin Vorlesungen S. 569, Note 15) erscheint nicht begründet, umsoweniger wenn man annimmt, daß der Richter in allen Fällen die Aenderung zu genehmigen habe, wie dies l. 13. §. 1. cit. in den Worten: nam si ipsi (iudices) *noluerint*, nullus tam audax invenitur, qui possit *invito* iudice litem protelare anerkennt. Die Ansicht Brackenhöft's l. c. S. 362, Note 22 geht noch weiter; darnach können die Parteien den Prozeß sogar über das triennium hinaus verschleppen, wider Willen des Richters; dies halte ich nicht für richtig. Wegen der dies feriati vergl. l. 6. D. de feriis 2, 12: lege cautum est, ne his diebus iudicium sit, nisi ex voluntate partium; es ist auch hier selbstredend die Einwilligung des Richters vorausgesetzt.

ascendisse, vel aliud quodlibet fecisse vel non fecisse, isque iuraverit, et exceptio iurisiurandi dari debebit et solutum repeti poterit; est enim iusta conventio, si quaelibet causa in conditione iurisiurandi deducta fuerit.

Hier hat offenbar der Eid nicht die Natur eines Beweismittels, sondern bildet die Bedingung eines Vergleiches und es ist damit nur ausgedrückt, daß die Parteien auch einen Eid als Vergleichsbedingung benutzen können.[30])

Wenn der Eid dagegen die Natur eines Beweismittels hat, soll der Richter sogar seine Norm bestimmen, l. 34. §. 8. D. 12, 2: — „ideoque si quid tale inciderit, officio iudicis conceptio huiusce modi iurisiurandi terminetur."

11) Den Parteien wird gestattet, freiwillig die Beweislast zu übernehmen.

l. 14. D. 22, 3: si quis autem fiducia ingenuitatis suae *ultro in se suscipiat* probationes ad hoc, ut sententiam ferat pro ingenuitate facientem, hoc est ut ingenuum se esse pronuncietur, *an obtemperari ei debeat?* tractari potest et non ab re esse opinor, morem ei geri probanti se ingenuum et sententiam secundum se dandam, *quum nulla captio intercedat iuris.*

l. 39 pr. D. 40, 12. Cui necessitas probandi de ingenuitate sua *non incumbit, ultro si ipse probare desideret audiendus est.*[31])

12) Den Parteien steht es frei, sich eines von ihnen gewählten Vertreters zu bedienen.

l. 17 §. 20 D. de iniuriis 47, 10: omnibus enim, qui suo nomine actionem habent, procuratoris dandi esse facultatem.

Im Legisaktionenprozeß gab es keine Stellvertretung wegen der vorgeschriebenen Worte:

l. 123 pr. D. 50, 17: Nemo alieno nomine lege agere potest; Gaius IV. 82 pr.

---

[30]) Heffter l. c. S. 277 und besonders v. Gönner Handbuch des deutschen gemeinen Prozesses Bd. II. Nr. XXVII. S. 113 squ. und Bd. I. S. 469. 470: „Nicht der Beweis, sondern das Recht ist vom Eide abhängig".

[31]) Da aber beide Stellen nur von der Ingenuität sprechen, so möchte anzunehmen sein, daß die Uebernahme der Beweislast, welche im Uebrigen im justinianeischen Recht geregelt ist, hier nur zu Gunsten des Status ausnahmsweise nachgelassen ist.

Anders war es im Formularprozeß.[32])

Die in der Note 26 allegirten l. 29 Cod. 2, 3, und l. 51 Cod. 1, 3 enthaltene Hinweisung auf das alte Recht:

> daß alle Verträge, welche nicht gegen die Gesetze oder contra bonos mores eingegangen sind, Geltung haben, —

könnte den Schein erwecken, als ob Justinian die Autonomie der Parteien für den Prozeß als Regel habe hinstellen wollen, da er anscheinend die Zulässigkeit der Prorogative aus jenem allgemeinen Grundsatze ableitet. Eine solche Annahme wäre jedoch entschieden irrig, jene Hinweisung erfährt in der l. 51 Cod. 1, 3 ihre Einschränkung durch die Worte: es sei von Alters her Rechtens, daß die Parteien sich der Privilegien nicht zu bedienen brauchten, ihnen vielmehr entsagen könnten, denn so sind die Worte: licentiam haberi his; quae pro se indulta sunt, renunciare — offenbar zu verstehen; dafür spricht schon der im Eingange beider Stellen gebrauchte Ausdruck „praerogativa".

Die ganze Behandlung des Prozesses im justinianeischen Recht widerspricht der Annahme, daß die Autonomie der Parteien als Regel zugelassen worden sei. Es wird wiederholt daran erinnert, daß die Institution des Prozesses ius publicum sei und durch die Abrede der Parteien nicht geändert werden könne.

> l. 20 pr. D. 10, 2: — nam imperitia coheredum *iurisdictionis formam mutare non potuit.*
>
> l. 13 Cod. 6, 23: — non autem *iurisdictionis mutare formam vel iuri publico derogare* cuiquam permissum est.
>
> l. 13 §. 1 Cod. 3, 1: — hoc etenim *magis iudicialis* esse potestatis nemo est, qui ignoret.
>
> l. 2 Cod. 8, 37: — lite pendente actiones quae in iudicium deductae sunt, vel res, pro quibus actor intendit *minime transferri ab eodem actore liceat, tanquam nihil factum sit lite nihilominus peragenda.*

Während im ältern römischen Recht sonach die Dispositionsbefugniß der Parteien geradezu formgebend für den Prozeß erscheint, und der Richter — sowohl der Prätor als der iudex — von der Thätigkeit der Parteien im Wesentlichen abhängt, kehrte sich im justinianeischen Recht das Verhältniß des Richters zu denselben um; der Richter beherrscht den Prozeß, er weist der Thätigkeit der Parteien bestimmte Normen und Grenzen an, und ihre Dispositionsbefugniß ist im Wesentlichen

---

[32]) Becker, die prozessualische Konsumption S. 169 gegen Keller, Civilprozeß §. 46.

eine vom Richter konzedirte — sie ist ausdrücklich oder stillschweigend von seiner Erlaubniß abhängig gemacht. Die Wirksamkeit des Richters ist nur beschränkt durch das thatsächliche Material, dessen Beschaffung in der Hand der Parteien liegt, innerhalb dieser Schranken aber ist er selbstständig und übt ein Zwangsrecht aus.

Die Grundsätze:

l. 21. C. 4, 35: nam suae quisque rei moderator et arbiter,
l. 46. D. 2, 14: licet sui iuris persecutionem aut spem futurae perceptionis deteriorem constituere —

beziehen sich nicht auf den Prozeß, sondern auf das ihn veranlassende Rechtsverhältniß.

§. 7.
Der Grund für die scheinbare Dispositionsfreiheit im älteren Recht.

Es ist schon von Ihering (Geist des römischen Rechts, Thl. I. S. 167) darauf hingewiesen worden, daß sich der Prozeß im älteren römischen Recht als ein schiedsrichterliches Verfahren charakterisirt, und zwar ursprünglich als ein Prozeß beim geistlichen Schiedsgericht (S. 299), an dessen Stelle die Sitte den weltlichen Richter setzte, ohne im Wesentlichen die Prinzipien zu ändern. Das oben im §. 5 beschriebene Verfahren rechtfertigt vollkommen die Bezeichnung desselben als eines wesentlich kompromissarischen. Der Richter erhielt seine Macht durch den Auftrag der Parteien, sie bereiteten selbst Hand in Hand die Sache zur Entscheidung des Richters vor, dieser hörte ihre Verhandlungen mit einander an, selbst bei der Vernehmung der Zeugen, welche im Kreuzverhör durch die Parteien erfolgte, hatte er die Rolle eines Zuhörers, er kondemnirte nicht, — wenigstens in der ersten Zeit — sondern gab lediglich sein Gutachten über die ihm vorgelegte Frage ab. Als der Prätor später die Formel bestimmte, so griff er damit nicht in die Entwickelung des Prozesses ein, sondern seine Thätigkeit war mehr eine legislatorische als eine judizielle. Die Formel, welche er gab, war der Ausfluß seiner gesetzgeberischen Gewalt, deren Bestimmung die Fortbildung des unzureichend gewordenen Zwölftafel-Gesetzes war. Die Formel, mit welcher der Legisaktionen-Prozeß sich einleitete und die ihre Quelle in den XII Tafeln hatte, wurde im Formular-Prozeß nur an einer andern Stelle aufgenommen. Dort war sie das von den Parteien ausgehende Citat des geschriebenen Gesetzes (cfr. Ihering l. c. Th. II. S. 652), hier paßte der Prätor den Rechtsfall dem Gesetze an, das entweder schon vorhanden war, oder von ihm ergänzt wurde.

Dieser eigenthümliche schiedsrichterliche Prozeß wurde bei dem Mangel einer ausgebildeten Justizgewalt und eines Prozeßverfahrens zur Nothwendigkeit. Die Vereinbarungen der Parteien hatten nicht die Intention, die Macht einer Willkür zu manifestiren, sondern sie gingen aus der Noth hervor, theils aus dem Mangel einer richterlichen Autorität, welche die Parteien zu den für die Entwickelung des Prozesses erforderlichen Handlungen hätte nöthigen, theils aus dem Mangel bestimmter Prozeßformen, innerhalb und mit Hülfe deren der Rechtsstreit hätte zur Entscheidung gebracht werden können. Die Parteien mußten diese Formen erst schaffen, sie hatten insofern nur die Freiheit des Gesetzgebers, der sich von der inneren Nothwendigkeit und Zweckmäßigkeit leiten läßt: ihre Freiheit war ein durch die Sache gebotener Zwang. Wie wenig die Römer der Willkür in der Rechtssphäre zugethan waren, ergiebt die Strenge, mit welcher die Beobachtung der Formel im Prozesse gehandhabt wurde; ich erinnere an das Beispiel, das Gaius anführt, wornach die bloße Vertauschung des Wortes arboribus und vitibus den Verlust des Prozesses herbeiführte. (Gaius 4, 11, 30; cf. Ihering l. c. II. S. 108, 649.)

Die Form ist von der Sicherheit und Bestimmtheit des Rechtes nicht trennbar, und ein Volk, wie das römische, welches in so hohem Grade mit einem angeborenen Rechtssinn ausgestattet war, mußte der Willkür im Rechte entschieden abgeneigt sein und vielmehr die Macht der Form begünstigen.

l. c. §. 6. D. 1, 2: quas actiones (legis actiones), ne populus prout vellet institueret, *certas solennesque* esse voluerunt.[33])

Die mannigfachen Verträge, welche im römischen Prozesse der älteren Zeit geschlossen wurden, waren daher in der That gerade ein Product jener formalistischen Richtung der Römer.

Der Einfluß des Prätors, soweit er überhaupt vorhanden war, äußerte sich gerade darin, die Parteien zum Abschluß solcher Prozeßverträge zu veranlassen. So bestimmte die lex Rubria, daß der Prätor die Parteien zum Eingehen der praetoriae stipulationes anhalten solle, wobei die Worte gebraucht sind: inbeto, decernito.[34])

---

[33]) Becker, die prozessualische Konsumption S. 28:
„Kein Recht ließen die Römer zu voller Wirksamkeit gelangen, bevor nicht die ihm entsprechende prozessualische Form gefunden war; darum erscheint uns die gefundene Form stets als eine nothwendige, von aller Willkür freie" —.

[34]) v. Bethmann a. a. O. Bd. II. S. 734.

So sagt auch Keller l. c. S. 105, daß

„es denn fortwährend zur prozessualischen **Pflichterfüllung** jeder Partei überhaupt und zur gehörigen Defension eines Beklagten ebensowohl gezählt wurde, die von dem **Magistrat angeordneten** *sponsiones* **gehorsam einzugehen**, als das Andere zu thun, was das iudicium mehr unmittelbar vorbereitet: so daß *sponsione se defendere* neben iudicio se defendere erwähnt zu werden pflegt."

Soviel ergiebt sich jedenfalls aus der vorstehenden Darlegung, daß der altrömische Vertragsprozeß nicht dazu benutzt werden kann, um die Dispositionsbefugniß der Parteien im Prozesse vom legislatorischen Gesichtspunkte aus zu rechtfertigen;[35]) die scheinbare Freiheit der Parteien war das Produkt eines unvollkommenen Rechtszustandes, einer Zeit, in welcher es an den ausreichenden Mitteln zur Realisirung des Klagerechts allenthalben mangelte.

Sobald diese Mängel sich beseitigt hatten — eine ausgebildete Justizgewalt und ein Prozeß-Mechanismus vorhanden war, hörte jene Autonomie der Parteien im Wesentlichen auf, sie empfing — soweit sie fortdauerte — nunmehr ihre Sanktion durch den Willen des Gesetzgebers oder der richterlichen Gewalt.

II. Germanisches Recht.

§. 8.

Verschiedenheit des germanischen und römischen Rechts in Bezug auf die Klage.

Das altgermanische Gerichtsverfahren hat nichts von der Natur des römischen Vertragsprozesses, wenn auch das Gegentheil in mancher Beziehung der Fall zu sein scheint.

Es liegt in der animalischen Seite der menschlichen Natur, daß die letztere auf der ersten Stufe ihrer Entwickelung das den Menschen zunächst Umgebende, soweit es der körperlichen Macht unterliegt oder zu unterliegen scheint, als den Gegenstand ihres Begehrens und deshalb

[35]) In Bezug auf die einzelnen Fälle dieses scheinbaren Dispositionsrechts ist dies im III. Theile der Abhandlung noch näher erörtert.

mit sich identisch auffaßt. Jeder auf den Menschen und die möglichen Objekte seines Begehrens geübte äußere Einfluß provozirt das Bestreben, denselben abzuwehren und zu beseitigen, weil die Entziehung eines solchen Objektes als körperlicher Schmerz empfunden wird. Das Rechtsgefühl manifestirt sich hier daher nur negativ als ein sinnliches Gefühl der Verletzung. Daher kommt es auch, daß die Herstellung des Rechts in den Anfängen menschlicher Entwickelung durch Kampf erfolgt: und auf dieser gemeinschaftlichen Stufe aller Rechtsentwickelung finden wir die Römer und Germanen. Daß dem römischen Prozesse der Zweikampf zu Grunde gelegen hat, ist gewiß ebensowenig zu bezweifeln, als daß das ältere germanische Prozeßverfahren die Entscheidung des Rechts durch Zweikampf als ein Rechtsinstitut ausdrücklich anerkannt hat.

Das Verfahren der legis actio ex sacramento wird vielfach selbst noch als ein solcher Zweikampf aufgefaßt.

Heffter a. a. O. S. 7.

Noch deutlicher tritt dieses Prinzip des Kampfes hervor in der legis actio per manus injectionem und per pignoris capionem und in dem Scheinkampfe, mit welchem der Vindikationsprozeß eröffnet wird; schon das Wort vindicatio weist auf vis zurück, und der Akt der vindicatio wird durch manum conserere bezeichnet.

Uebereinstimmend mit den vorstehenden Ausführungen äußert sich auch Jhering l. c. Bd. I. S. 107:

„Wo hätte es ein Recht gegeben, das nicht aus der Thatkraft der Individuen hervorgegangen wäre und dessen Ursprung sich nicht in den dunkeln Hintergrund der physischen Gewalt verlöre?“

Seite 114:

„Die Thatkraft, die Gewalt ist also die Mutter des Rechts.“

Seite 118:

„Die ersten unausbleiblichen Regungen des verletzten Rechtsgefühls bestehen in der gewaltsamen Reaktion gegen das zugefügte Unrecht, in Selbsthilfe und Rache. Mit Selbsthilfe und Rache hat ein jedes Recht begonnen.“

Macht und Recht sind auf dieser ersten Stufe identische Begriffe; die Machtsphäre ist die Sphäre der Rache und daher zugleich die Rechtssphäre. Rache und Recht sind auch etymologisch einerlei.

Mit dieser Auffassung des Rechts steht es in innigstem Zusammenhange, daß die Rechtsverletzung zunächst wesentlich eine Verletzung der Person, im vollsten Sinne des Wortes ihrer Eigenschaft ist.

Die weitere Entwickelung äußert sich nun darin, daß die den Menschen umgebende und seiner Gewalt unterliegende Sphäre von ihm selbst unterschieden, „objektivirt“ wird, erst hier hebt eigentlich die psychische Seite der menschlichen Natur an. Das Bewußtsein der Gegensätzlichkeit der Dinge, ihrer Unterschiedenheit von uns, ist der Durchgangspunkt und die Quelle für das Selbstbewußtsein.

Jene Objektivirung hat zur unmittelbaren Folge, daß die auf die Machtsphäre einer Person geübten Einflüsse nicht blos negativ als eine Verletzung, sondern auch in ihrer positiven Bedeutung durch Zurückführung auf neben einander bestehende Machtsphären aufgefaßt werden. Die Regeln für die Ausgleichung dieser kollidirenden Sphären bilden demnächst den Inhalt des Rechts: sie sind ein Kompromiß, ein Bündniß der neben einander bestehenden individuellen Gewalten, sowohl in Ansehung der jeder verbleibenden Befugnisse, als ihrer Schranken.

So sehen wir denn in der That, daß Willen, Vertrag und Gesetz synonym gebraucht werden. Dem Römer ist testamentum die lex, das Volk wird bei der lex rogirt, wie bei der Stipulation (lex rogatur), und Papinian bezeichnet (l. 1 de legib. 1, 3) das Gesetz gradezu als eine communis rei publicae sponsio. Ebenso ist der Zusammenhang von pax und pactum unverkennbar.

In derselben Weise ist Ewa (= Ehe) im germanischen Recht ebensowohl ein Bündniß, Vertrag, als Gesetz.[36])

Der Grad jener Objektivirung scheidet die Völkerindividualitäten in der Entwickelung des Rechts.

Der praktische Sinn der Römer war dieser Objektivirung in weitaus höherem Grade günstig, als dies bei den Germanen der Fall war, ja dieser praktische Sinn bestand recht eigentlich in dem Geschicke, sich die Außenwelt zu objektiviren und durch ihre Erkenntniß sie zu beherrschen. Daher waren die Römer auch in der Herstellung von Rechtsnormen weit produktiver, als die Germanen. Sie legten bei dem Rechte — in Berücksichtigung des Interesses der Gesammtheit — ungleich mehr Gewicht auf die Feststellung der Grenzen der Befugnisse, als auf die letzteren selbst. Dem Römer war ius „das Band, das Bindende, die Rechtsnorm“ (von der Sanskrit-Wurzel, iu von der auch iugum, Joch, stammt).[37])

---

[36]) Zöpfl, deutsche Rechtsgeschichte, S. 9; Grimm, deutsche Rechtsalterthümer, S. 417.

[37]) Ihering l. c. B. I. S. 218.

Der Germane betonte dagegen die Seite der Befugniß; „Recht" war ihm Realisirung der Sache.

Dem Römer war die Klage die Anrufung des Gesetzes, die diesem gemäß eingerichtete Handlung, legis actio; dem Germanen war sie der Schmerzensruf der verletzten Person, mit welchem er die Hülfe Anderer in Anspruch nahm.

Den Römer interessirte im Prozesse nur die rein objektive Frage, ob sein Anspruch den Gesetzen entspreche oder nicht, er wettete mit dem Gegenpart vor Gericht. — Der Germane sah den Prozeß nur als ein Sühneverfahren an, die Verletzung der Person stand im Vordergrunde, der Prozeß hatte für ihn wesentlich nur den Zweck, den Friedensbruch wieder herzustellen, und durch Auflegung einer Buße an den Friedensstörer ihn zu rächen.[38])

In Folge des Rufes haben sich die Verwandten zu versammeln, um entweder sich zum Kampfe gegen den Friedensbrecher und dessen ihn etwa schützende Verwandte zu verschwören oder sich mit diesen über eine Sühne in Vieh oder Geld zu einigen. So kam es entweder zur Sühne durch das Blut (Blutrache) oder zu einer Einung (Gedinge, Vertrag), zu einem Friedensschlusse zwischen den Kampfbereiten oder bereits zum Kampfe vorgeschrittenen Sippen, wobei die Familienhäupter unter dem Vorsitze der Aeltesten feststellten, was in diesem Falle als Buße bezahlt werden müsse. Auf solche Weise bildeten sie das Gericht.[39])

Die Bezeichnungen für Gericht und gerichtliches Verfahren sind Thing, Thingare und deuten darauf hin, daß man in demselben ein Institut zum Friedensstiften erblickte.[40])

Der Unterschied vom römischen Prozeß, der allerdings, insofern er sich als ein schiedsrichterlicher erweist, auch den Zweck eines friedlichen Ausgleichs hatte — liegt darin, daß im römischen Prozeß ein bloßer Friedensschluß der Personen nicht beabsichtigt war. Im Gegentheil, man häufte Verträge auf Verträge schon innerhalb des Prozesses.

Das Prozeßverfahren war dem Germanen ein Surrogat der Fehde im vollen Sinne des Worts, es war nur eine andere Art der Befehdung, insofern an die Stelle der körperlichen Gewalt die Wucht des freien Manneswortes gesetzt wurde. Dieser Charakter zeigte sich auch äußerlich. Die Parteien erschienen in Waffenrüstung, umgeben von der Schaar ihrer bewaffneten Freunde, in voller Rüstung schworen sie

[38]) Zöpfl l. c. S. 10 Note 14. Philipp, deutsche Rechts- und Reichsgeschichte, S. 115. v. Bethmann-Hollweg l. c. Bd. I. S. 30.

[39]) Philipp l. c. S. 116.

[40]) Zöpfl l. c. S. 234, 884.

sammt ihren Genossen, und wo ihnen das Urtheil nicht behagt,[41]) kommt es nicht selten zum wirklichen Zweikampf.

Als Feinde stehen daher die Parteien auch im Prozesse gegenüber, und die Mannitio hat ganz die Natur einer „Ankündigung der drohenden Feindschaft.“ [42])

Hieraus ergiebt sich von selbst, daß für eine vertragsmäßige Behandlung ihres Rechtsstreites, soweit von der Sühne selbst abgesehen wird, kein Raum war.

§. 9.

Scheinbare Spuren einer Dispositions-Befugniß.

Andererseits mußte aber diese Auffassung des Rechtsstreites einer höchst selbstständigen Stellung der Parteien zu demselben Vorschub leisten, da der persönliche Wille zweier Personen, die darauf aus waren, einander vor Gericht zu überwinden, nicht zu überzeugen, im Vordergrunde stand und das Interesse an einer sachlichen Begründung der Ansprüche fern lag.

Die Führung des Prozesses lag daher — im älteren germanischen Recht — ausschließlich in der Hand der Parteien, und wir begegnen deshalb mancherlei ähnlichen Erscheinungen, wie im älteren römischen Prozeß.

Wie bei der römischen in ius vocatio forderte der Kläger seinen Gegner vor Zeugen auf, vor Gericht zu erscheinen, indem er ihm den Grund der Klage angab (mannitio), eine Mitwirkung des Gerichts fand nicht statt.[43])

Erst später trat an die Stelle der mannitio die sogenannte bannitio, die Ladung durch den Richter.

Blieb der Beklagte aus, so wurde ihm auf Antrag des Klägers vom Gericht zunächst eine Buße auferlegt, bei fortgesetzter Weigerung trat auf Verlangen des Klägers und unter seiner Verantwortung Pfändung ein, und im äußersten Falle die Friedlos-Erklärung. Eine unmittelbare Einwirkung auf den Verklagten hatte aber das Gericht nicht. Den Friedlos-Erklärten konnte der Kläger vor das Gericht schleppen.[44])

---

[41]) Siegel, Geschichte des deutschen Gerichtsverfahrens, Bd. I. S. 109.

[42]) Siegel l. c. S. 61.

[43]) Wegen der römischen antestatio vergleiche die Bemerkungen Beckers, die prozessualische Konsumption, S. 105; vergl. auch Siegel a. a. O. S. 61.

[44]) Siegel a. a. O. S. 53 squ.

Der Richter eröffnet und schließt zwar die Verhandlung, so wie er zur Aufrechterhaltung der Ruhe und Ordnung während der Verhandlung sorgt; er greift aber nicht in dieselbe ein.

Die Partei, und zwar diejenige, welche das Recht hat, das Urtheil zu fordern, wählt die Schöffen.[45])

Dagegen kannte das ältere Recht nicht den gewillkürten Gerichtsstand.[46])

Die Klage ist nicht eine Mittheilung an das Gericht, sondern eine vor Gericht an den Gegner gerichtete Ansprache. Sie wird erhoben unter Betheuerung der Wahrheit der Behauptung, bei Anrufung eines göttlichen Wesens, und hiernächst beschwört der Kläger den Verklagten von Wort zu Wort der Klage Antwort „an den Stab" zu sagen, der Kläger verlangt also die Antwort. Die letztere wird auch an ihn vom Verklagten gerichtet.

Es geht das Verlangen nach dem Urtheil von der Partei aus; ohne diese Aufforderung erfolgt keine Rechtsprechung.[47])

Ebenso wird der Beweis nicht dem Richter, auf dessen Ueberzeugung es nicht abgesehen ist, sondern dem Gegner geführt; denn der Beweis bezweckt nicht sachliche Begründung, sondern nur formelle Erhärtung der Behauptung. Der Beweis besteht hauptsächlich in dem eigenen Eide der Partei, gestärkt durch den Eid der Eideshelfer. Sie braucht sich nicht auf Zeugen („Wissende") zu berufen, ja sie kann sogar an Stelle von Beweisen auf ein Ordal — Kampf, Wasser, Feuerprobe, Loos — provoziren.

Das einfache Wort des Freien hatte solche Bedeutung, daß dem Kläger kein Beweis seiner Behauptung zugemuthet wurde; der Angesprochene fühlte und hatte die Pflicht, die Grundlosigkeit der Forderung darzuthun.

Die Partei stellte ferner die Zeugen. Ebenso nahm der Gegner dem Schwörenden den Eid ab, indem er die Worte des Urtheils ihm vorsagt, mit einem Haselstabe in der Hand, und ihn beschwört, genau dieselben Worte unter Berührung des Stabes und unter Anrufung einer Gottheit zu wiederholen.[48])

Das Gericht bildete den Zuschauer und trat nur als Urtheiler

[45]) Siegel l. c. S. 105—107.

[46]) Wetzell, System des ordentlichen Civilprozesses S. 340 und die dort allegirten lex Sal. l. 2, lex Bojar. II. 15, §. 1, lex Aleman. XXXVI. 3¦, lex Luitpr. c. 25 und lex Astulphi c. 13.

[47]) Siegel a. a. O. S. 110—148.

[48]) Siegel a. a. O. S. 162—230.

ein, soweit es dazu angerufen wurde. So wurde jeder Schritt durch ein sofort extrahirtes Urtheil erledigt.

Das Gericht hatte ebensowenig einen Einfluß auf den Beginn als auf die Fortsetzung des Prozesses.

Ebensowenig hatte es eine Exekutivgewalt; es vollstreckte zwar die Pfändung, aber nur unter der vom obsiegenden Theile ausdrücklich übernommenen Verantwortung, nicht aus eigener Machtvollkommenheit.[49])

Diese Behandlung des Prozesses erfuhr schon seit Karl dem Großen mancherlei Aenderungen, insofern die Thätigkeit des Gerichtes den Prozeß mehr zu beherrschen begann. Der Richter lud die Parteien vor oder konnte es doch, ihm stand ein Fragerecht an die Zeugen und Parteien zu, er konnte Alles, was zur Aufklärung der Sache beizutragen geeignet war, so auch Einnahme des Augenscheins anordnen, er forderte die Parteien zur Führung des Beweises und zur Angabe von Beweismitteln auf, ohne seine Erlaubniß durfte Niemand reden, Niemand sich entfernen. Der Richter bestimmte der Partei auf ihren Antrag einen Redner. Die Partei hatte auch nicht mehr die Schöffen zu wählen.[50])

Nach dem kleinen Kaiserrecht, Buch II. 1, erscheint die Willkür der Parteien gänzlich beschränkt:

„ist aber die Sache vor Gericht anegehabin, so stet daz recht „an dem **Richter zu thunde und zu laßenne**."

Der **Zwang zur Klage** — welcher nach römischem Recht gar nicht besteht, l. 42, D. 50, 17, l. 20, Cod. 8, 14 — ist in der späteren Entwickelung des germanischen Rechts in dem Institute der **gerichtlichen Aufgebote von Grundstücken** bei Uebertragung von Rechten an denselben schon vorhanden, Schlesisches Landrecht I. 39, 3:

„Wenn ein Eigen verkauft wird, der sall is vor Gericht **ufbiten**. — **wer hiezu keginwörtig ist und swiget**, „**der sall ymmer swigen**;"

vergl. dagegen Sächsisches Landrecht I. 62, §. 1:

„Man ne sal niemanne dvingen to newer Klage, der he nicht begunt ne hevet."

---

[49]) Siegel l. c. S. 240—248.

[50]) v. Maurer, Geschichte des altgermanischen Gerichtsverfahrens S. 72, 96, 119, 221; Zöpfl, Deutsche Rechtsgeschichte S. 866, 903.

III. Kanonisches Recht.

§. 10.

Die Richtergewalt der christlichen Bischöfe, welche sich auf Paulus ep. I. ad Korinth. VI. gründete — wonach den Christen untersagt war, ihr Recht bei den heidnischen Richtern zu suchen, — hatte zunächst eine schiedsrichterliche Natur. Die Richtergewalt verblieb ihnen aber auch vermöge alter Sitte, und sogar gesetzlicher Anerkennung (episcopalis audientia), nachdem die Staatsgewalt christlich geworden war. Diese schiedsrichterliche Natur der richterlichen Gewalt hatte wiederum unmittelbaren Einfluß auf den Geist der Rechtsanwendung, welcher Nichts von formellen Prinzipien abhängen lassen, sondern das wahre und materielle Recht finden wollte.[51])

Diese Richtung wurde wesentlich noch dadurch unterstützt, daß man immer vom göttlichen Gerichte ausging und schon vom religiösen Standpunkte die möglichste Erforschung der materiellen Wahrheit sich zur Aufgabe machte.[52])

Eine solche Auffassung des richterlichen Berufes schloß von selbst die Möglichkeit aus, die Abrede der Parteien zur Quelle der Prozeßrechte und Prozeßpflichten zu machen und ihnen überhaupt eine freie Disposition über den Prozeß einzuräumen.

Dem Richter wird der Beweis geführt, von ihm gehen alle Bescheide aus, er ist die Hauptperson des Prozesses, in seiner Hand befindet sich die Direktion des Verfahrens vom Anfange bis zur Befriedigung des Klägers. Die Exekution gehört zum Prozeß, eine besondere actio iudicati giebt es nicht.[53])

Der Richter kann die Parteien noch vor der Litiskontestation (welche nunmehr im Grunde nichts als die thatsächliche Einlassung des Verklagten auf den Prozeß bezeichnet) befragen, c. 10, X. de fide instrum. 2, 22: cum iudex *qui usque ad prolationem sententiae debet universa rimari*, possit interrogare de facto, *quotiens dubitationis aliquid occurrit*. Die Parteien sind an ein bestimmtes Forum ge-

---

[51]) v. Bethmann-Hollweg l. c. Bd. III. S. 113, 114; Roßhirt, „Zur Lehre von den Wirkungen des Prozesses", 1848, S. 95; Wetzell, System des ordentlichen Civilprozesses §. 32, S. 212.

[52]) Roßhirt, Geschichte des Rechts im Mittelalter Bd. I. S. 162, 209.

[53]) Roßhirt, Geschichte Bd. I. S. 210—213, 165, 173.

bunden, die Gerichtszuständigkeit ist ein Recht des Richters, nicht der Partei.[54])

Deshalb kann der Kläger auch selbst mit dem Willen des Verklagten nach der Litiskontestation die Klage nicht ändern, wenn der Richter nicht konsentirt.[55])

Der Richter ladet die Parteien und die Zeugen; er kann sie zum Zeugniß zwingen (c. 18, X. 2, 20), was im älteren römischen Rechte, wenigstens in causis pecuniariis, nicht der Fall war. Im altgermanischen Rechte scheint die Verweigerung des Zeugnisses dem Betheiligten nur eine Klage gegeben zu haben.

Der Richter kann zur Ergänzung seiner Ueberzeugung der Partei einen Eid auferlegen (juramentum diffinitivum).

Die Lehre von den Beweismitteln — ihrer Zulässigkeit und ihrer Beweiskraft — ist sehr speziell geordnet („facti probatio, quae et prudentissimos fallit"); so führte man das Erforderniß zweier Zeugen ein, gestützt auf Deut. c. 17, V. 6 und Matth. c. 18, V. 16.[56])

Der Zwang zur Klage ist anerkannt in den Aufgeboten für die Konfirmation der zu geistlichen Aemtern Gewählten und für die Eingehung der Ehen, c. 6 X. 4, 18; c. 27 X. 4, 1 und c. 3 pr. X. 4, 3. Wenn trotzdem sich Vorschriften finden, welche in gewisser Beziehung eine Autonomie der Parteien anzuerkennen scheinen, so sind diese Vorschriften jedenfalls nur Reminiscenzen aus dem römischen Recht.

So wird die Rücknahme und Aenderung der Klage vor der Litiskontestation (Roßhirt, Geschichte Bd. I. S. 168) der Erlaß des Eides (c. 39 X de test. et attest. 2, 20), die Verhandlung an einem *dies feriatus* mit Konsens der Parteien (c. 5 X. de feriis, si de partium processerit voluntate"), der Verzicht auf eine gewisse Art des Verfahrens (Clem. 2. de V. §. 5, 11 „statuimus — nisi aliud de partium voluntate procedat" und „si solennis ordo iudiciarius in toto vel ex parte non contradicentibus partibus observetur, non erit processus propter hoc irritus"), eine Vereinbarung der Fristen, auch Fatalien (Clem. 4, de appell. 2, 12; cap. 28 c. f. X. I, 29) erwähnt.

Erwähnenswerth ist noch, daß das Geständniß als Verzicht behandelt wird (c. 3 X. 2, 18 und c. 2 in 6° 2, 9), jedoch mit der

[54]) Roßhirt, a. a. O. Bd. I. S. 165 und in seiner Schrift: „Zur Lehre von den Wirkungen des Prozesses" S. 18; c. 19 X. de foro compet. 2, 2.

[55]) Roßhirt, „Zur Lehre rc." S. 109.

[56]) Roßhirt, Geschichte Bd. I. S. 187.

Maßgabe, daß der Verzicht nicht eine zur Undankbarkeit aufsteigende Lüge sein dürfe.[56a])

Heffter (System des römischen und deutschen Civilprozeßrechts, 1842, 2. Ausgabe, S. 410, §. 330) äußert sich über die Prozeßtheorie des kanonischen Rechts in folgender Art:

„Betrachtet man diese Theorie genauer, so erscheint sie zuerst als von dem justinianeischen Recht knechtisch mit einzelnen Mißverständnissen abgeborgt, die aber aus dem kirchlichen und mittelbar selbst aus dem germanischen Recht einige Zusätze erhielt. Mangel an plastischem Talent in der wirklichen Praxis, sowie die Bannalität, welche die Rechtsbücher und die darauf gestützten Doktrinen ausübten, vorzüglich aber die von den Päpsten geforderte Schriftlichkeit der Verhandlungen nöthigten dann zu einer höchst formellen und steifen Zergliederung des Verfahrens, welches das römische Recht nur in seinen Grundzügen andeutete; man fand bannale Formen für jeden prozessualischen Schritt und fühlte dadurch Weitläufigkeiten, Verwickelungen und Chikanen in Unzahl herbei. Die vorherrschende Betrachtungsweise zerlegte den Prozeß in zehn Zeiten. —"

Heffter zitirt hierbei aus der Summe des Pariser Canonicus Arnulphus (aus dem 13. Jahrhundert) folgende Belegstelle:

„Primum tempus ante citationem. Secundum tempus est citationis. Tertium repraesentationis coram iudice. Quartum proponendarum exceptionum dilatoriarum. Quintum litis contestandae. Sextum producendarum probationum. Septimum renunciationis producendorum testium. Octavum alligationum et disputationum proponendarum. Nonum renunciationis et conclusionis earundem. Decimum et ultimum tempus est sententiae definitivae."

[56a]) Roßhirt, Geschichte, §. 128 S. 183.

IV. Das deutsche Reichsgesetz-Recht.

§. 11.

Die deutsche Reichsgesetzgebung hat einen besonderen Reichscivilprozeß nicht geschaffen. Es finden sich vielmehr nur prozessualische Bestimmungen in den einzelnen Reichsgesetzen zerstreut vor. Diese Bestimmungen können im Großen und Ganzen keinen Anspruch darauf machen, als etwas Selbstständiges, Neues zu erscheinen, sie sind wenigstens zum größten Theil schon im kanonischen Prozeß begründet.[57])

Selbst das Eventualprinzip, welches man gewöhnlich als eine Schöpfung der deutschen Reichsgesetzgebung bezeichnet,

— cfr. C. G. O. von 1500 XII. §. 1 und 8: „alle (peremt. except.) in einem Termine und zu einmal", C. G. O. v. 1507 IV. §. 1. C. G. O. v. 1575 Tit. XIX. §. 5. C. G. O. v. 1555 Tit. XXIV. §. 2. R. A. v. 1570 §. 89. R. A. v. 1594 §. 63. D. A. v. 1600 §§. 117—120. J. R. A. v. 1654 §§. 37, 45, 48 und 78 —

war schon im kanonischen Recht in gewisser Beziehung anerkannt.

Der Richter kann nach letzterem dem Beklagten einen Präklusivtermin geben, in welchem er alle dilatorischen Einreden vorbringen soll.

c. 4. X. de except.

Diejenigen, welche die Dispositionsbefugniß der Parteien mit der Verhandlungs-Maxime in Verbindung bringen, würden eine Anerkennung der ersteren in den Reichsgesetzen in der gerade durch dieselben zu besonderer Geltung gelangten Behandlungs-Maxime finden,

— D. A. v. 1600 §. 30 —

d. h. also in der Einschränkung der richterlichen Thätigkeit, welcher letztern nur insoweit ein freierer Spielraum gestattet ist, als es sich um solche richterliche Verfügungen handelt, die nöthig sind, um Nichtigkeiten vorzubeugen und Gerichtspolizei zu üben

— J. R. A. v. 1654 §. 50; R. P. O. v. 1577 §. 53 —

oder, soweit durch die sogenannte clausula salutaris:

„Hierüber begehrend, mir Recht und Gerechtigkeit, nicht allein gebettener, sondern auch in einer jeden anderen rechtmäßigen Form und Gestalt, wie das von Rechtswegen am kräftigsten beschehen soll oder mag, mitzutheilen"

---

[57]) Roßhirt, Geschichte des Rechts, Bd. I. S. 160 seq.; v. Beyer, Vorträge über den deutschen gemeinen ordentlichen Civilprozeß, 7. Aufl., S. 9, 10.

— R. A. v. 1551 §. 12; R. A. v. 1550 §. 13; D. A. v. 1600 §. 30; D. A. v. 1557 §. 33 —

die Thätigkeit des Richters zur Verbesserung der Parteivorträge besonders angerufen ist. Der Grund für die Ausbildung der Verhandlungs-Maxime lag jedoch nicht sowohl in einer Anerkennung der Partei-Autonomie, resp. in einem bewußten Widerspruche gegen den kanonischen Prozeß, als vielmehr in einer Fortbildung der Schriftlichkeit, welche der letztere statuirt hatte. Die zur Abkürzung der Verhandlungen auf den Gerichtstagen an die Redner und Prokuratoren gestellte Anforderung, das Materielle in Schriften einzubringen, erschwerte das richterliche Fragerecht und machte es vor dem Aktenschluß geradezu unmöglich. Dazu kam die Verfassung vieler Untergerichte, die keine rechtsgelehrten Mitglieder hatten und sich daher nur mit der formellen Leitung des Verfahrens befassen konnten, wogegen sie bezüglich der materiellen Einwirkung auf die Aktenversendung verwiesen waren.

Dann fiel auch die Unvollkommenheit des Geschäftsmechanismus ins Gewicht, weshalb den Parteien und den Prokuratoren der Betrieb der Zustellung richterlicher Dekrete, der Innehaltung der Termine und Fristen, der Komplettirung der Akten u. s. w. überlassen werden mußte.

Der Richter konnte sonach den Prozeß als Ganzes nicht beherrschen; er bekam nur die Stücke davon unter der Form für sich bestehender Parteihandlungen, obenein mit Unterbrechungen, vor Augen, und gerade deshalb war man auch genöthigt, der Gefahr der Verschleppung durch das Eventualprincip vorzubeugen.[58])

Eine Anerkennung der Dispositionsbefugniß der Parteien findet sich in den Reichsgesetzen nicht mehr und nicht weniger, als im kanonischen Prozeß. Die in dem letzteren begründete Auffassung der Gerichtszuständigkeit als eines Rechts der Gerichte ist auch in die deutschen Reichsgesetze übergegangen, ebenso der Zwang der Klage in dem Institut der provocatio ex lege diffamari (K. G. Ref. v. 1531 §. 35; R. A. v. 1532 Art. III. §. 2; K. G. O. v. 1555 II. 25), und bezüglich der Erstreckung des Gerichtsstandes durch Uebereinkunft, ist dem angegangenen Richter ein Weigerungsrecht eingeräumt.

Reichsabschied v. 1594 §. 65.

Im R. A. von 1594 §. 52 ist den Kammergerichtsprokuratoren untersagt, prorogationes prorogationum sich selbst zu gestatten.

Die Aenderung der Fristen durch Abrede scheint auch hier zugelassen zu sein, wie e contrario aus

---

[58]) v. Daniels, Handbuch der preußischen Civilrechtspflege, Bd. I. (1839), S. 428.

R. A. v. 1532 §. 9 und C. G. O. v. 1555 II. 29 §. 2. gefolgert werden könnte.

Der Verzicht auf die Appellation ist erwähnt in der C. G. O. v. 1552 II. 28 §. 2.

Nach D. A. von 1600 §. 28 ist dem Produzenten der Zeugen Rotulus nur mit Konsens des Gegners herauszugeben.

Die Vertretung der Parteien endlich ist nicht nur zugelassen, sondern bildet sogar die Regel. Das war aber nur eine Folge der Schriftlichkeit des Verfahrens.

V. Das gemeine deutsche Prozeßrecht.

§. 12.

Das gemeine deutsche Prozeßrecht ist als solches bekanntlich nicht kodifizirt. Es fehlt daher selbstverständlich an einem gesetzlichen Ausdruck für die hier in Rede gestellte Frage.

Die historische Untersuchung kann sich sonach nur darauf beschränken, die in der Praxis festgehaltenen Grundsätze festzustellen. Ihre Darstellung wird jedoch passender mit derjenigen verbunden werden, welche zugleich die Begründung dieser Praxis in der Theorie des gemeinen deutschen Prozesses zum Gegenstande hat. Gerade diese Theorie hat die Frage nach der Dispositions-Befugniß der Parteien genauer ventilirt.

VI. Das preußische Recht

nach der Allg. Gerichtsordnung und den Prozeßnovellen.

§. 13.

Der Standpunkt desselben in dieser Frage.

Die in Preußen geltende Allgemeine Gerichtsordnung war nach ihrer ganzen Richtung, welche durch das Bestreben gekennzeichnet ist, das materielle Recht wenn irgend möglich zu ermitteln und den Richter deshalb nicht blos zum Leiter, sondern auch zum eigentlichen Herrn des Prozesses und Beweisführer zu machen, nicht geeignet, die Dispositionsbefugniß der Parteien zu begünstigen.

Der Standpunkt des Gesetzgebers ist durch folgende in der „Einleitung“ ausgesprochene Grundsätze klar gelegt:

(§. 6) Der vom Staat geordnete Richter — hat die nächste Pflicht, folglich auch das nächste Recht, sich von der wahren und eigentlichen Bewandniß der Thatsachen zu versichern.

(§. 6) Der Richter ist also befugt und schuldig, den Grund oder Ungrund der in einem Prozesse vorkommenden Thatsachen selbst und unmittelbar zu untersuchen und — ins Licht zu setzen.

(§. 10) Die Pflichten des Richters beruhen also auf dem wesentlichen Grundsatze: daß er sich bemühen müsse, die Wahrheit der dabei zum Grunde liegenden erheblichen Thatsachen auf dem sichersten und zugleich nächsten Wege zu erforschen und auszumitteln.

(§. 17) Der Richter ist jedoch an diese Angabe (der Beweismittel der Partei) nicht gebunden, sondern er hat das Recht und die Pflicht, auch andere Mittel, die aus dem Vortrage der Parteien und aus dem Zusammenhange ihrer Verhandlungen sich ergeben, zur Erforschung der Wahrheit, selbst ohne das ausdrückliche Verlangen der Parteien, anzuwenden.[59])

Der §. 167 I. 2. A. G. O. spricht allerdings gelegentlich des Kompromißvertrages von der „freien und uneingeschränkten Disposition“ der Parteien „über den streitigen Gegenstand“, diese Worte haben aber keinen Bezug auf die Stellung der Parteien im ordentlichen Prozesse.

Da, wo der Disposition der Parteien Erwähnung geschieht, ist sie regelmäßig an die gerichtsseitige Genehmigung geknüpft.[60])

Von dem hannöverschen Prozeßrecht ist in §. 21 besonders die Rede.

§. 14.
Die einzelnen Fälle der Dispositionsbefugniß.

Von einer gewissen Disposition der Parteien könnte nach dem gewöhnlichen Sinne des Worts die Rede sein, was die Behandlung

[59]) Vergl. auch I. 10. §. 5b., III. 3, §. 22 A. G. O. corp. jur. Frid. IV. 6. §. 2, dazu Grävell, Commentar zur A. G. O. Bd. II. §. 60. S. 159. 162. 172. Koch, der preuß. Civilproceß §. 119. S. 245. 246.

[60]) Grävell a. a. O. §. 65. S. 175. „Nichts desto weniger aber kommt es nicht auf die Uebereinstimmung der Parteien unter sich, oder das Verlangen einer derselben, sondern auf die Uebereinstimmung des Richters mit den Parteien an“.

des Prozesses im Allgemeinen und insbesondere die richterliche Thätigkeit anlangt, in folgenden Punkten:

1) Feststellung des Status caussae et controversiae, welche als eine verbindliche Uebereinkunft der Parteien über das Ergebniß der Instruktion angesehen wird,
— A. G. O. I. 10. §. 35, 38a. cf. Grävell a. a. O. Band II. S. 160. —
2) Verhandlung über die exceptio litis finitae oder litis ingressum impediens und die Hauptsache zugleich, „wenn die Parteien einig sind",
— §§. 75a., 79. I. 10. A. G. O.
3) Gleichzeitige Instruktion über den Grund und Betrag der Forderung, „wenn beide Theile darin mit einander einig sind".
— I. 44. §. 34. A. G. O. —
4) Zulässigkeit der Untersuchung einer unerheblichen Thatsache auf Andringen einer Partei.
— I. 23. §. 23. Nr. 3. A. G. O. —
5) Aussetzung der Instruktion über die „speziellen Umstände" wirklich erheblicher Thatsachen, „gegen deren umständliche Entwickelung beide Theile protestiren", wenn sie darin einig sind, daß das Factum an sich zugestanden werde.
— III. 3. §. 27. A. G. O. —
6) Entscheidung in höherer Instanz mit Uebergehung der I. und II. Instanz „in Sachen, wo es auf Auslegung des undeutlichen oder zweideutigen Inhalts einer Urkunde oder auf bloße Rechtsfragen ankommt, — nach vorgängiger Vereinigung der Parteien".
Anh. §. 100. ad §. 20. I. 12. und §. 11. in fine I. 16. A. G. O. —
7) Vereinigung von Klagen mit richterlicher Genehmigung,
§§. 36, 37. I. 1. A. G. O. und Kab. Ordre vom 7. Mai 1838. —

Anlangend die Prozeßhandlungen der Parteien, so ist ihnen gestattet:

1) sich durch rechtskundige Bevollmächtigte vertreten zu lassen
— Einleitung §. 45. —
unbeschadet der richterlichen Befugniß das persönliche Erscheinen der Partei zu fordern
— §. 12. Einl., Anh. §. 1. dazu, I. 3. §. 1. und I. 9. §. 39 A. G.-O., —

2) einen Gerichtsstand zu wählen („freiwillige Porogation")
— §. 160. I. 2. A. G. O. cf. §. 88. Nr. 2. I. 29. A. G. O.
unbeschadet des Weigerungsrechts des angegangenen Richters,
— §§. 162, 163. l. c., §. 7. Nr. 2. l. c.:
„wenn die Parteien mit Erlaubniß des Staats einem andern Gerichtsstande sich unterwerfen", —
3) die Insinuation der gerichtlichen Verordnungen selbst zu besorgen,
— §. 19. I. 7. A. G. O. —
4) auch einseitig das Klage-Petitum während des Laufs der Instruktion zu ändern,
— §. 5a. I. 10 und §. 21. I. 5. A. G. O. —
und die Klage zurückzunehmen,
— §. 21. I. 20 und §. 20. I. 23. A. G. O. —
5) Termine mit gegenseitiger Einwilligung zu prorogiren, jedoch vorbehaltlich der gerichtlichen Prüfung,
— §. 6. I. 11. A. G. O. —
6) sich über die Richtigkeit der Abschrift einer Urkunde zu vereinbaren,
— §. 111. I. 10. A. G. O. —
7) den Zeugeneid zu erlassen,
§. 203. No. 3. I. 10. A. G. O. —
8) über streitige Thatsachen „statt anderer Beweismittel sich der Zuschiebung des Eides an den Gegentheil zu bedienen",
— §. 252. I. 10 und §. 10. Nr. 8. I. 13. A. G. O.
und damit zugleich die Beweislast zu übernehmen, wie aus den Worten:
„so steht es demnach der Partei, welche zur Abkürzung der Sache und Ersparung der Kosten es auf die eidliche Bestärkung des Gegentheils ankommen lassen will"
zu folgen scheint, der Gegner hat nur das Recht der Gewissensvertretung (§. 255. l. c.),
9) zwischen der Eidesleistung durch den Vormund oder den Bevormundeten zu wählen, und resp. die Aussetzung des Eides zu fordern,
— §§. 263/4, 266. I. 10. A. G. O. —
und bei Korporationen die Schwurpflichtigen auszuwählen, §. 270. l. c. —
unbeschadet des Rechts des Richters, Andere zu ernennen (§. 272. l. c.),

10) Parteien-Eide „zu erlassen oder später für geschworen anzunehmen“ oder sie mit Bewilligung des Gegentheils durch einen Mandatar schwören zu lassen,

— §. 285. I. 10 und §. 10. Nr. 8. I. 13., §. 314. I. 10. A. G. O. —

11) Beweismittel vor erfolgter Aufnahme des Beweises zurückzuziehen,

§. 287. I. 10. A. G. O.

12) über die Relation des Eides nach erfolgter Annahme sich zu einigen,

— §§. 294, 300. I. 10. A. G. O. —

13) den zu leistenden Eid im Schwörungstermine auf ein quantum minus zu richten,

— §. 310. I. 10 und §. 25. I. 22. A. G. O. —

14) auf die Aussage „eines gewissen Zeugen“ zu kompromittiren, wenn der Zusammenhang der Sache durch dessen Aussage vollständig aufgeklärt ist

§. 10. Nr. 5. I. 13. A. G. O. —

15) sich mit einander über die Folgen zu vereinbaren, wenn ein Präjudizialpunkt auf diese oder jene Art entschieden würde,

— §. 11. I. 11. A. G. O. —

16) bei eingelegter gegnerischer Appellation auch nach Ablauf des Fatale zu appelliren,

— §. 12. I. 14. A. G. O. —

und der Appellation von Litiskonsorten nachträglich beizutreten,

— §. 14a. l. c. —

17) dem Litisdenunziaten die Prozeßführung zu überlassen, auch beim Widerspruch des Gegners,

— §. 29. I. 17. A. G. O. —

oder mit dem Gegner diese Prozeßführung so zu vereinbaren, daß der Denunziant ganz ausscheidet,

— §. 30. l. c. —

18) auf Rechtsmittel zu verzichten,

— §. 20. alin. 2. I. 23. A. G. O.

cf. Grävell a. a. O. Bd. I. S. 111. —

19) sich mit dem verurtheilten Gegner über die Immission als Exekutionsmaßregel zu vereinbaren,

— §. 119. I. 24. A. G. O. —

20) sich dem Personal- und Real-Arrest dergestalt zu unterwerfen,

daß es nicht erst des Nachweises der Unsicherheit zur Anlegung resp. Vollstreckung des Arrestes bedarf,

— §. 10. I. 29. A. G. O. —

21) Maßregeln zum Schutze der zu arrestirenden Sachen zu vereinbaren,

— §. 36. I. 29. A. G. O.

22) die Relaxation des Arrestes gegen Erlegnng einer Kaution zu verabreden,

— §. 59. I. 29. A. G. O. —

§. 15.

Das Recht der preußischen Prozeßnovellen.

Im Geiste der allgemeinen Gerichts-Ordnung sind die vorstehend aufgeführten Fälle nicht als Beispiele eines auf Anerkennung der Parteien-Dispositionsbefugniß gehenden Prinzips, sondern lediglich als zugelassene Ausnahmen der entgegengesetzten Regel zu erachten, welche nur dem Richter eine Disposition über den Prozeß gestattet, und selbst in diesen ausgenommenen Fällen wird man — der ratio legis entsprechend — dem Richter fast durchgängig die Prüfung einzuräumen haben, ob es gerathen sei, von der Ausnahme die Parteien Gebrauch machen zu lassen.

Durch die Prozeßnovellen von 1/6. 1833, 14/12. 1833, und 21/7. 1846 ist nun zwar die im § 13 bezeichnete Tendenz der A. G. O. erheblich abgeschwächt worden; dagegen läßt sich nicht behaupten, daß sie durch diese Novellen aufgegeben worden sei. In der That greift die Praxis der Gerichte vielfach auch jetzt noch auf die, der sogenannten Inquisitionsmaxime zugeschriebenen Bestimmungen der A. G. O zurück.

Durch die Beseitigung des Instruktions-Verfahrens ist allerdings von selbst der frühere Umfang des Einflusses der richterlichen Thätigkeit zurückgetreten, und durch das konzentrirende Prinzip der Eventualmaxime (§. 14 V. O. v. 1/6. 1833 u. §. 4 V. O. v. 21/7. 1846) ist es dem Richter unmöglich gemacht, die materielle Wahrheit zum erschöpfenden Ausdruck zu bringen.

In demselben Maße, in welchem die richterliche Thätigkeit zurückgetreten, hat die Thätigkeit der Parteien an Umfang und Berücksichtigung gewinnen müssen.

Nach §. 7 der V. O. v. 1/6. 1833 kann das Gericht auf den übereinstimmenden Antrag der Parteien auch andere Rechtsstreitigkeiten, als die im § 6 benannten, im summarischen Prozeß verhandeln; die Wahl der Prozeßformen steht jedoch den Parteien nicht zu.

(§. 3, Instrukt. v. 24/7. 1833.)

Die Verlegung der Termine kann mit Zustimmung des Gegners erfolgen.

§§. 11, 19 V. O. v. 1/6. 1833.

Die Vereinbarung der Parteien, daß die mündliche Verhandlung überhaupt fortfalle,

— §§. 20, 48 V. O. v. 1/6. 1833 —

ist durch §. 11 der Verordnung vom 21/7. 1846 wieder aufgehoben worden.

Nach erfolgter Beweisaufnahme können neue Beweise nur mit gegnerischem Konsense aufgenommen werden.

— §. 35 V. O. v. 1/6. 1833. —

Der §. 42 l. c. ergiebt die Zulässigkeit des Verzichtes auf die Apellation und §. 22 V. O. v. 21/7. 1846 spricht von dem Verzicht auf die Appellations-Beantwortung. Nach dem übereinstimmenden Antrage beider Parteien soll es den Gerichten frei stehen, noch vor der mündlichen Verhandlung Beweisaufnahmen, über deren Erheblichkeit kein Streit obwaltet, zu verfügen, sowie jede Art von Beweisaufnahme mit der mündlichen Verhandlung zu verbinden.

— §. 11 V. O. v. 21/7 1846. —

§. 16.

Urtheile preußischer Rechtslehrer.

Ganz im Sinne der preußischen Gesetzgebung äußert sich Grävell in seinem Kommentar zur Allgemeinen Gerichts-Ordnung über die zur Erörterung gestellte Frage in folgenden Worten (Bd. I. §. 33 S. 108 squ.)

„Die Gerichtshöfe als Beauftragte der souveränen Macht können und dürfen nicht anders, als in Gemäßheit der ihnen ertheilten Instruktion handeln (I. 13 §. 48, 53 A. L. R.); was sie dagegen unternehmen, hört auf, eine Amtshandlung zu sein.

Da die Prozeßordnung ihre Instruktion ist, so hat ein Kompromiß der Parteien, wodurch sie die Vorschriften derselben abändern wollen, für die Gerichtshöfe des Staats überall keine verbindliche Kraft, und diese dürfen sich darnach nicht richten, außer in den Fällen, wo die Prozeßordnung selbst solches gestattet, z. B. bei der Zeugenvereidung, oder den Formen der freiwilligen Subhastation oder der Vermögensverwaltung in Konkursen, oder insofern durch die Vereinigung der Parteien nur eine mangelhafte und unklare Anordnung der Prozeßordnung im Geiste derselben näher bestimmt wird."

Ebenso führt Grävell a. a. O. Bd. I. S. 375 gelegentlich der Prorogation des Gerichtsstandes aus:

„Da die Organisation der verschiedenen Gerichtshöfe von dem Gesichtspunkte ausgehen muß, daß für alle Personen und Sachen prompte Justiz beschafft werde, und deshalb die Grenzen der Gerichtshöfe nach dem Geschäftsmaße eines jeden bestimmt werden mußten, außerdem sich Niemand durch eine Privat-Willkür eine Exemtion von dem gewöhnlichen Richter eines Distrikts beilegen kann, die ihm durch das Gesetz nicht zugetheilt worden ist; so kann Niemanden die Befugniß zugestanden werden, die gesetzlichen Grenzen der Gerichtsbarkeit blos nach seinem Gefallen zu verrücken und sich einem Richter aufzudrängen, der sich nach dem Gesetz und seiner Bestallung damit zu befassen nicht nöthig hat."

In ähnlicher Weise äußert sich Koch (der preußische Civilprozeß I. Auflage):

§. 22 S. 25. „Da die Gerichte Staatsanstalten sind, deren Einrichtung und Verfahrungsart das öffentliche Interesse berührt, so sind die Prozeßgesetze, insoweit sie die Einrichtung der Gerichte, die Prozeßform und den Gang des Verfahrens ordnen, allerdings zum öffentlichen Rechte zu zählen, woraus dann folgt, daß den Parteien die Wahl der Prozeßart oder die Vereinigung über den Gang des Verfahrens oder über die vorzunehmenden Prozeßhandlungen nicht zusteht, außer insoweit solches die Prozeßgesetze in einzelnen Fällen ausdrücklich gestatten. Auch der Richter darf nur in den ausdrücklich gestatteten Fällen die Ordnung des vorgeschriebenen Verfahrens und die Prozeßart ändern. Selbst solche Handlungen, die nur den Vortheil der Parteien oder des Richters zu bezwecken scheinen, können nicht Gegenstand einer vorausgetroffenen Vereinbarung sein, es kann also z. E. nicht rechtsgültig verabredet werden, daß, wenn nicht etwa auf den ordentlichen Richter kompromittirt worden, der unterliegende Theil von dem Rechtsmittel der Appellation nicht solle Gebrauch machen dürfen, oder daß das Fatale nicht brauche innegehalten zu werden (V. O. v. 14/12. 1833, §§. 21 u. 22). Darin weicht also das preußische Recht von dem Gemeinen ab (l. 5 §. 6 C. VII. 63)."

VII. Die übrigen neueren Prozeßrechte.

§. 17.

Das französische Recht.

Von sämmtlichen neueren Prozeßrechten hat nur das hannöversche in der „bürgerlichen Prozeßordnung“ die Dispositionsbefugniß der Parteien prinzipiell gewürdigt und konsequent durchgeführt. In den übrigen Prozeß-Gesetzgebungen ist dies unseres Wissens nicht der Fall.

Dem Code de procédure civile hat man bekanntlich vielfach den Vorwurf gemacht, daß er das Verhandlungsprinzip zu schroff durchführe (la forme emporte le fond,[61]) es geschieht in der That Alles nur auf Betreiben de la partie la plus diligente,[62]) und das Gericht nimmt selbst von einem Geständniß der Partei in der Audienz keine Notiz, wenn die Gegenpartei nicht eine Acte über das Geständniß verlangt hat.[63])

Trotzdem ist der Disposition der Parteien nur in wenigen Fällen Erwähnung geschehen.

Nach Artikel 7 (Code de procéd.) können die Parteien allemal freiwillig vor einem Friedensrichter erscheinen, in diesem Falle entscheidet derselbe ihren Streit entweder in letzter Instanz, wenn das Gesetz oder die Parteien ihn hiezu ermächtigen, oder vorbehaltlich der Berufung, wenn er auch, weder in Beziehung auf den Wohnsitz des Verklagten, noch in Beziehung auf den Ort, wo der streitige Gegenstand liegt, der natürliche Richter der Parteien ist. (cfr. Art. 48).

Die Art. 200, 236 erwähnen die Uebereinkunft der Parteien bezüglich der Vergleichungsstücke bei der Verification der Handschriften.

Art. 303 bestimmt, daß der Begutachtungsbeweis nur durch drei Sachverständige geschehen soll, es sei denn, daß die Parteien auf einen Gutachter kompromittiren.

Die Art. 1003—1010 sprechen von der Autonomie der Parteien beim Kompromiß, Art. 1358 Code civil, von der Zulässigkeit der Zuschiebung des Entscheidungseides über Streitigkeiten jeder Art.

Wenn man dem gegenüber die sehr ausgedehnten Befugnisse des Richters, als da sind:

---

[61]) Mittermaier, civilist. Archiv. Band 33. S. 131, derselbe in seinem Werke „der gemeine deutsche bürgerliche Prozeß“ I. Beitrag §. VI. S. 52 squ., §. VIII. S. 120. —

[62]) Code de procéd. Art. 47. 97. 199. 204. 297. 299. 307. 719. 761. 765. 775. —

[63]) Mittermaier in dem angeführten Werke I. Beitrag S. 122. —

Berücksichtigung seiner Privatwissenschaft (Art. 21. Code de procéd.) Anordnung oder Einnahme des Augenscheins von Amtswegen (Art. 38, 41), Zuziehung und Ernennung von Gutachtern ex officio (Art. 42, 305), Ausschließung der persönlichen Vorträge der Parteien (Art. 85), Umänderung des mündlichen Verfahrens in schriftliches (Art. 95), Verordnung des Beweises von Amtswegen (Art. 254) in Betracht zieht, so wird man bei der Annahme nicht fehl gehen, daß der Code de procéd. eine Parteien-Disposition im Prozeß nicht anerkennt.

§. 18.

Das hannöversche Prozeßrecht.

Die Regierungs-Motive zur „bürgerlichen Prozeßordnung" für Hannover sprechen sich über die Dispositionsbefugniß der Parteien dahin aus:

> Von geringen Ausnahmen abgesehen, sind die Gegenstände bürgerlicher Rechtsstreitigkeit dem freien Verfügungsrecht der Parteien unterworfen; diesen entsprechend kann das Eingreifen der richterlichen Thätigkeit in die Prozeßführung von Seiten der streitenden Theile nur ausnahmsweise und insoweit als höhere Rücksichten der Rechtspflege dieses dringend erheischen, gerechtfertigt erscheinen. Diesen Gedanken hält das bestehende Prozeßrecht keineswegs auch nur mit einiger Strenge fest, greift vielmehr vielfach die Parteien bevormundend ein; beispielsweise mag in dieser Beziehung auf die sofortige Zurückweisung der Klage, die offizielle Fürsorge für den Vollmachtspunkt, das Verbot vertragsmäßiger Erstreckung der Nothfristen hingewiesen werden. Der Entwurf sucht diese und andere Punkte richtiger im Einklange mit dem hervorgehobenen Grundgedanken zu ordnen. —
>
> Man kann sagen, die Leitung des Prozeßverfahrens sei Sache der Parteien, es würde aber ein Irrthum sein, wollte man behaupten, dem Gerichte sei jede Prozeßleitung entzogen. Die Leitung der mündlichen Verhandlung ist Sache des vorsitzenden Richters — die Leitung des Verfahrens außerhalb der mündlichen Verhandlung ist dagegen Sache der Parteien beziehungsweise ihrer Anwälte. — Der eigentliche Prozeß bewegt sich in der mündlichen Verhandlung, in ihr liegt das eigentliche Gewicht der Sache; die außergerichtlichen Verhand-

lungen erscheinen dagegen als Nebensache, als Akte, welche zur Vorbereitung der mündlichen Verhandlung dienen".

(Leonhard, die bürgerliche Prozeßordnung, 3. Auflage, S. 5).

Das Prinzip der Mündlichkeit ist hier mit dem Prinzipe der Dispositionsbefugniß der Parteien in Zusammenhang gebracht, das letztere wird aber in der hannöverschen Prozeßordnung nicht auf seine Verbindung mit dem ersteren beschränkt.

Die Verhandlungs-Maxime erscheint nur als ein Ausfluß der Dispositionsfreiheit der Parteien neben anderen Anwendungen dieses Prinzips. Dasselbe hat auch ausdrückliche gesetzliche Anerkennung erhalten, indem §. 19 das Marginale führt:

„Einfluß der Privatwillkür auf die Zuständigkeit der Gerichte".

Die einzelnen im Gesetze erwähnten Fälle der Dispositionsbefugniß der Parteien sind folgende:

I. In Ansehung des Gerichtsstandes und der Ausdehnung der richterlichen Kompetenz bestimmt der §. 19:

„Ein an sich unzuständiges Amts- oder Obergericht wird ohne Rücksicht auf seine Einwilligung durch ausdrückliche oder stillschweigende Vereinbarung der Parteien zuständig. — — Dasselbe findet Statt, wenn es sich um die Zuständigkeit verschiedener Gerichte beziehungsweise verschiedener Gerichtsabtheilungen ein und desselben Gerichts nach Summen handelt, jedoch mit der Abweichung, daß die großen Senate der Obergerichte sich von Amtswegen für unzuständig erklären müssen, wenn aus dem eigenen Vorbringen der Parteien ihre Unzuständigkeit offenbar hervorgeht.

Die allgemeine Regel erleidet jedoch eine Ausnahme, wenn das Gericht überhaupt nicht zu der in Frage stehenden Gattung der Gerichtsbarkeit berechtigt ist". —

Zur Rechtfertigung dieser Vorschrift bemerkt Leonhard a. a. O. S. 27 unter Hinweisung auf die fortgefallene Zustimmung des angegangenen Richters: es sei nicht passend, daß die richterliche Thätigkeit nach Willkür geübt werden dürfe, außerdem entspreche es der Rücksicht auf das Interesse der Parteien, auf die Erleichterung und Beförderung der Rechtspflege, wenn ihre Uebereinstimmung auch bei der Gerichtszuständigkeit Berücksichtigung fände. Der dagegen zu machende Einwurf der Ueberhäufung der Gerichte sei nur theoretischer Natur, weil das eigene Interesse die Parteien vor den an sich zuständigen

Richter regelmäßig führe, eben weil das Gesetz bei Ordnung der Gerichtsstände durch die lokalen Verhältnisse und das Interesse der Parteien geleitet werde.

II. Bei der Streitgenossenschaft entscheidet bezüglich des gemeinschaftlichen Stellvertreters in erster Reihe die gütliche Uebereinkunft der Litiskonsorten, erst event. wählt das Gericht einen solchen.

§. 33. a. a. O.

III. Der Bevollmächtigungspunkt wird regelmäßig von Amtswegen nicht untersucht, sondern der etwaigen Rüge der Gegenpartei unterstellt.

§. 74. l. c.

IV. Bei übereinstimmendem Antrage der Parteien kann das Gericht, nach Anhörung der Staatsanwaltschaft, die Oeffentlichkeit ausschließen.

§. 87. l. c.

V. Die Fristen unterliegen ohne Ausnahme — also auch die Nothfristen — der vertragsmäßigen Erstreckung.

§§. 152, 416. l. c.

VI. Die Aussetzung des Verfahrens erfolgt durch eine hierauf gerichtete Vereinbarung der Parteien.

§. 168. l. c.

VII. Der Abstand vom Prozesse, steht vor erfolgter Verhandlung des Verklagten zur Hauptsache auch einseitig dem Kläger zu — nachher mit Einwilligung des Verklagten.

§. 174. l. c.

VIII. Die Aenderung der Klage ist insoweit zulässig, als der Kläger seine Klageanträge im Laufe der mündlichen Verhandlung verbessern kann.

„Für eine Verbesserung ist es zu halten, wenn unter Beibehaltung der thatsächlichen Grundlagen des Hauptanspruchs und der Nebenforderungen das Vorbringen erläutert und näher oder richtiger bestimmt, desgleichen wenn der Betrag des Hauptanspruchs oder der Nebenleistungen erhöhet oder vermindert, sowie ferner, wenn statt der ursprünglich in Anspruch genommenen Sachen wegen Veräußerung oder Untergangs derselben die Leistung der Entschädigung gefordert wird".

„Jede weitere Abweichung von den schriftlichen Klageanträgen (Klageänderung) ist zwar nicht von Amtswegen zu beachten, dagegen steht dem Verklagten das Recht zu, im

Wege einer — Einrede die Unzulässigkeit der Abweichung zu rügen und demgemäß die Zurückweisung der Klageanträge in angebrachter Maße, beziehungsweise die Fortführung der Verhandlung auf Grund der ursprünglichen Klageanträge zu begehren."

§. 203 l. c.

Leonhard bemerkt dazu (S. 153), der leitende Gesichtspunkt bestehe darin, daß die Vertheidigung des Verklagten nicht gefährdet werde — es stehe nichts entgegen, seinen Willen entscheiden zu lassen, wenn er auf die veränderte Klage eingehe.

IX. Sowohl auf übereinstimmenden Antrag der Parteien als auf einseitiges Begehren des Verklagten kann das Gericht bei besonders komplizirten Sachen ein schriftliches Vorverfahren eintreten lassen.

§. 207 l. c.

X. Die Parteien können auf eine schriftliche Gegenerklärung Verzicht leisten.

§. 213 l. c.

XI. Die Parteien können die Beweislast auf sich nehmen.

§. 220 l. c.

XII. Der Beweisführer kann ein vorgeschlagenes Beweismittel, so lange dasselbe noch nicht gemeinschaftlich geworden, einseitig — nach eingetretener Gemeinschaft aber (welche bei Zeugen und Gutachtern durch Beweisantritt, bei Urkunden durch Vorlegung im Beweistermin und beim Eide durch Annahme erfolgt) nur mit Zustimmung der Gegenpartei wieder aufgeben.

§. 243, vgl. §§. 255. 275. 296. 305 l. c.

XIII. Der §. 220 l. c. erwähnt den Fall, daß die Parteien ausdrücklich erklären, weitere Beweise (Gegenbeweise) nicht anbringen zu wollen", in welchem Falle ausnahmsweise ein Beweisinterlokut nicht erlassen wird.

XIV. Der Verzicht auf Ableistung des Zeugeneides wird im §. 265 l. c., der Erlaß des Parteieneides im §. 290 l. c. als zulässig anerkannt.

XV. Im §. 275 l. c. wird bestimmt, daß die Parteien über einen einzigen Sachverständigen sich vereinigen könnnen.

XVI. Der Verzichtleistung auf Forderungen im Prozesse geschieht im §. 345 l. c. Erwähnung.

XVII. Mit Zustimmung des Gegners ist die Ableistung des Eides durch einen Mandatar für statthaft erklärt.

§. 283 l. c.

XVIII. Bei der Appellation wird das nicht gewahrte Fatale oder die mangelnde Appellabilität des Streitgegenstandes nicht von Amtswegen gerügt.

§. 416 l. c.

Beschränkt sich die Berufung auf einen Theil des Streits, so wird die Verhandlung über die nicht angefochtenen Punkte fortgesetzt, wenn die Parteien nicht übereinkommen, oder das Gericht verfügt, daß auch diese einstweilen beruhen solle.

§. 411 l. c.

XIX. In der Exekutions-Instanz wird der Vereinbarung der Parteien Gewicht beigelegt:

a. bei der Auktion, in welcher nur mit Konsens beider Parteien eine Stundung des Kaufgeldes zulässig ist

— §. 553 l. c. —

b. bei der Sequestration, bei welcher das Gericht erst in Ermangelung einer Vereinbarung der Parteien die Person des Sequestors und die Art der Verwaltung bestimmt

— §. 526 l. c. —

c. bei der Immission in ein Grundstück des Schuldners „behufs selbsteigener Benutzung“, welche überhaupt nur zugelassen ist, wenn beide Theile über dieselbe und die dabei stattfinden sollenden Bestimmungen einverstanden sind

— §. 559 l. c. —

Die vorstehende Zusammenstellung in Verbindung mit den Regierungs-Motiven wird kein Bedenken darüber obwalten lassen, daß nach der Absicht des Gesetzgebers die namhaft gemachten Fälle den Wirkungskreis der Parteien-Disposition nicht erschöpfen, sondern nur Anwendungen des Prinzips erhalten, welches sonach auch sonst überall Platz greifen soll, wo besondere Gründe zur Ausschließung der Dispositionsfreiheit der Parteien nicht vorliegen. Welches diese Gründe sind, hat das Gesetz allerdings nicht angegeben, die Regierungs-Motive beschränken sich darauf, die Ausnahme in „höheren Rücksichten der Rechtspflege“ zu finden. Das ist freilich ein höchst unbestimmter Begriff.

B. Dogmatischer Theil.

I. Abschnitt.

§. 19.

Darstellung der über die in Rede stehende Frage aufgestellten Ansichten.

Die Befugniß der Parteien, die gesetzlichen Formen des Prozesses beliebig umzugestalten und resp. andere an ihre Stelle zu setzen, namentlich auch da, wo der Gesetzgeber eine solche Abänderung nicht in den Willen der Parteien gestellt hat, nennen die Lehrer des gemeinen Prozesses Konventionalprozeß. Der hier zur Erörterung gestellte Gegenstand wird daher bei ihnen unter dem Gesichtspunkt der Frage: ob es einen Konventionalprozeß gebe, zur Sprache gebracht.

Nach Martin (Lehrbuch des deutschen gemeinen bürgerlichen Prozesses, 12. Ausgabe S. 259 §. 139) ist diese Frage in zwei Monographien:

> G. Gottl. Ritter de comprom. fori germ. in iud. Compet. Altd. 1693;
>
> Hendr. Hildebrandt D. de processu conventionali. Altd. 1750 (bei Linde, Lehrbuch des deutschen gemeinen Civil-Prozesses 7. Auflage S. 17, wird diese Schrift Hildebrandt, diss. de processu convent. Altenburg 1698 zitirt)

behandelt worden.

Ich habe beide Dissertationen nicht erlangen können und bin daher außer Stande, über ihren Inhalt Mittheilung zu machen.

Martin (Lehrbuch a. a. O. §. 11. S. 22) geht davon aus, daß die Bestimmungen der organisirten Civil-Justiz-Verfassung einen Theil des öffentlichen Rechts bilden, (welcher Ansicht übrigens auch v. Savigny, System des heutigen römischen Rechts, Bd. I., Seite 26 ist) und schon darum weder nach fremden Prozeßgesetzen, noch durch die Willkür der Unterthanen modifizirt werden könne, insofern nicht spezielle Vorschriften des gemeinen Rechts der letzteren, im Einzelnen, namentlich Raum geben. Es gebe daher keinen wahren Konventional-Proceß vor dem Richter. Weder die Clem. saepe 2. de V. S. 5, 11 — welche nur die Wahl zwischen mehreren gesetzlichen Prozeßarten erlaube — noch irgend ein anderes

Gesetz begründe diese vermeinte Befugniß der Parteien, den Prozeß — eine Staatsanstalt — „nach ihren Launen zu formen und dadurch die Amtsverwaltung der Staatsbeamten zu erschweren". (§. 139. S. 259.)

Es sei jedoch zugegeben, daß auf einzelne Handlungen des legalen Prozesses, und auf die Wahl zwischen mehreren für den einzelnen Fall passenden gesetzlichen Prozeßarten die Willkür der Parteien Einfluß haben kann (S. 259).

In seinen „Vorlesungen über die Theorie des gemeinen bürgerlichen Prozesses" Bd. I. hat Martin seine Ansicht weiter entwickelt.

Alle prozessualischen Rechte und Verbindlichkeiten, — führt er aus (§. 1. S. 13, 14) — haben eine gemischte rechtliche Natur, indem sie theils auf öffentlichen, theils auf privatrechtlichen Rechtsverhältnissen beruhen, und nach den hierfür geltenden Grundsätzen müssen sie ihre Beurtheilung erhalten. Dies gelte zunächst in Ansehung der Gerichte und des Verhältnisses der Parteien und deren Assistenten zu diesen. Nur um des öffentlichen Wohles willen seien in allen Staaten die Unterthanen für den Fall, daß gegen sie aus einer Rechtsverletzung oder Störung eine Klage zu erheben wäre, gewissen vom Staate geordneten Gerichten unterworfen, dingpflichtig.

Es beruhe daher das Recht der Gerichte, im Prozeß den Parteien und ihren Beiständen befehlen zu können, und die Verpflichtung jener, diesen Anordnungen gehorchen zu müssen, sowie das Zwangsrecht, welches den Gerichten vom Staate übertragen ist, nur auf dem öffentlichen Rechte, an dem durch die Vereinigung der Parteien allein nichts geändert werden kann.

So würde z. B. eine Vereinigung der Parteien, einen Termin zu verlegen, ohne daß das competente Gericht dazu seine Genehmigung ertheilte, ohne Bedeutung sein. Aber auch die Parteien unter sich stehen in keinem rein privatrechtlichem Verhältnisse, vielmehr sind auch hiebei wegen des Gemeinwohls mancherlei Bestimmungen getroffen, welche jene Mischung beweisen. So ist in Ansehung des Gegenstandes des Rechtsstreits die freie Disposition der Parteien, die doch offenbar zum Privatrechte gehöre, während eines Rechtsstreits darüber mannigfach beschränkt, namentlich durch das Verbot der Veräußerung, das auf öffentlichen Rechtsprinzipien beruhe. Noch häufiger finde sich aber die genannte Mischung in Ansehung der Partei-Rechte und Pflichten, welche die Art und Weise der Führung eines Rechtsstreits betreffen, z. B. durch Bestimmung gesetzlicher Fatalien, welche nicht einmal in allen

Fällen durch eine Vereinigung der Parteien ihre Wirksamkeit verlören. Es bilden daher die prozessualischen Rechte und Pflichten ein eigenthümliches Obligationsverhältniß für den Fall eines zu führenden Rechtsstreits, welches nicht durch die Willkür der Parteien, sondern unmittelbar durch das Gesetz selbst begründet werde, sobald ein Rechtsstreit begonnen ist. Der legislatorische Grund der Einschränkung der Parteien-Disposition liege namentlich darin, daß der Staat nicht nur überhaupt ein wenigstens mittelbares Interesse an einer prompten und gründlichen Rechtspflege, von welcher der Kredit und die Wohlfahrt seiner Glieder unvermeidlich abhänge, sondern in manchen Beziehungen auch ein unmittelbares allgemeines Interesse an gehöriger Rechtspflege habe, weil entweder die öffentliche Ruhe durch Verzögerung der Justiz gefährdet werde; oder weil das Ansehen der Gerichte und somit die Würde des Staates selbst darunter leide, wenn z. B. hartnäckiger Ungehorsam nicht erfolglos gemacht und gebührend geahndet werde. (§. 7. S. 49.)

Oberster Grundsatz der Prozeßtheorie sei, daß nur die Gesetze mit Einschluß des Gewohnheitsrechts Geltung haben, und zwar nicht bloß subsidiär, sondern in ihrem Bereiche sei die Willkür der Parteien regelmäßig ganz ausgeschlossen. Für die Richtigkeit dieses Grundsatzes spreche zuvörderst die Natur des Rechtsverhältnisses, welches zwischen dem Hauptsubjekt des Prozesses — dem Gericht — und den Parteien stattfinde und auf der Unterwerfung der Parteien unter die öffentliche Gewalt beruhe. Schon hieraus folge von selbst, daß solche Untergebene durch ihre Willkür dem ihnen vorgesetzten Gerichte, welches von ihnen unabhängig im Namen des Staates dessen Justizhoheit verwaltet, Regeln für das Verfahren, an welchem das Gericht nicht nur Antheil nimmt, woraus es vielmehr den alleinigen Stoff seiner Thätigkeit herzunehmen hat, zu ertheilen und vorzuschreiben nicht berechtigt sein können. Dazu komme ferner der Grundsatz, daß Verträge nur die Kontrahenten, nicht aber von ihnen unabhängige Dritte zu verpflichten vermögen. Wollte man aber deshalb mehr nicht, als die Einwilligung des Gerichts zu jeder konventionellen Prozeßführung erfordern, so würde diese — abgesehen davon, daß die sämmtlichen Gerichte, welche den einzelnen Fall zu behandeln hätten, diese ertheilen müßten, weil die Entschließung des einen oder des andern nicht würde präjudiziren können — dennoch ganz unzulässig sein, indem die Prozeßordnungen für die Gerichte eine gebietende Dienstinstruktion seien, für deren gehörige Befolgung jedes einzelne Mitglied des Gerichts dem Staate gegenüber verantwortlich werde. Denn die ganze Organisation der

Gerichte eines Staates nebst der, denselben ertheilten Prozeß-Ordnung sei aus Gründen des öffentlichen Wohls so geordnet und berechnet, daß allen in diesem Staate prozeßführenden Parteien gründliche und möglichst schnelle Rechtspflege gewährt werden kann, daß aber auch dem Staate keine unnöthigen Lasten durch das Prozeßführen aufgebürdet werden. Wäre es dagegen den streitenden Parteien erlaubt, in ihren Rechtsstreitigkeiten je nach ihrem Gutdünken diese oder jene Abänderung der gesetzlichen Prozeßordnung zu vereinbaren, so würde hiedurch nicht nur eine unvermeidliche Störung oder wohl gar Verhinderung der Rechtspflege, sondern auch nicht selten ein unverhältnißmäßiger Kostenaufwand veranlaßt werden, dieses Alles aber mit dem allgemeinen Wohle des um seine Hilfe angerufenen Staats im offenbarsten Widerspruche stehen. Deshalb müsse auch für die Behandlung des Prozesses der Grundsatz gelten: ius publicum pactis privatorum mutari nequit.

Die zulässigen Ausnahmen, welche auch das römische Recht schon anerkenne und die im Einklange mit dem obengedachten Grundsatze stehen, beständen lediglich in der den Parteien eingeräumten Befugniß, auf einzelne Prozeßhandlungen Verzicht zu leisten, welche für unentbehrlich zur Entscheidung des Rechtsstreits nicht betrachtet worden seien. Sobald hingegen aus einer solchen Verzichtleistung auch nur eine Verzögerung des gerichtlich anhängigen Streits entstehen würde, müsse die richterliche Gewalt maßgebend eintreten.

Der Umstand, daß die Parteien auch während des Prozesses Eigenthümer des Streitobjekts bleiben, sei irrelevant, weil nach Nov. 113 cap. 3 zwischen einem erst anzustellenden und schon angestellten Prozeß zu unterscheiden sei und nach l. 2. Cod. de litigiosis 8, 37 die Disposition über den Streitgegenstand nur dann gestattet sei, wenn dadurch der Gang des Rechtsstreits nicht gestört werde. (§. 11. S. 88. 89).

Es gebe daher keine konventionelle Prozeßtheorie. (S. 89. l. c.)

Daneben erkennt aber Martin (§. 16. S. 125 squ. in den „Vorlesungen") die Verhandlungsmaxime und als ihren „Hauptgrund" (S. 131. l. c.) die „freie Dispositionsbefugniß der Parteien über das Ihrige" an und statuirt in dieser Beziehung als Ausnahmen nur: die Beschaffenheit einiger Arten von Streitobjekten, bei denen „die Rücksicht auf das Gemeinwohl" (z. B. Ehesachen) vorwiege und außerdem die auf Vermeidung von Nichtigkeiten und Aufrechthaltung der Gerichtspolizei gehende richterliche Thätigkeit (S. 332. l. c.)

Die Dispositionsbefugniß der Parteien, soweit sie dem Grundsatze der Verhandlungsmaxime zu unterstellen, findet er namentlich (S. 127 a. a. O.)

a. in dem mangelnden Zwang zur Klage (§. 143 des Lehrbuchs);
b. in der nicht ex officio eintretenden Berücksichtigung von Einreden (§. 96. l. c.)
c. in der von der richterlichen Prüfung unabhängigen Wirkung des Geständnisses (§. 128. l. c.)
d. in der Pflicht der Parteien zur Beweisführung §§. 134. 182. l. c.) sowie in dem Rechte der Auswahl der Beweismittel (§. 186. l. c.),
e. in der accusatio contumaciae (§. 131. l. c.),
f. in dem Rechte zur Appellation und der Pflicht des Richters, über die Beschwerdepunkte hinaus das Vorerkenntniß nicht zu ändern (§. 278. l. c.),
g. in der Pflicht, die Exekution zu beantragen (§. 267. l. c.)

§. 20.

Fortsetzung.

Nach der Ansicht Linde's (Lehrbuch des deutschen gemeinen Civilprozesses 7. Auflage) ist als Gegenstand der richterlichen Thätigkeit im Prozesse nur das Streitverhältniß zu betrachten, und der Zweck der gerichtlichen Verhandlung auf der einen und die aus der privatrechtlichen Natur hervorgehenden Dispositionsbefugnisse auf der anderen Seite sind danach die Rücksichten für die iudicis potestas (S. 49). Die Prozeßgesetze gehören theils dem öffentlichen, theils dem Privatrechte an. Sofern sie die Einrichtung der Gerichtshöfe, deren Zuständigkeit bestimmen oder den wesentlichen Gang und die absolut nothwendige Ordnung des Verfahrens vorschreiben, dürfen weder die Parteien noch der Richter willkürlich davon abgehen; nur dann wenn Handlungen zur Frage stehn, die allein den Vortheil einer oder beider Parteien oder des Richters bezwecken, deren Nichtvornahme oder Veränderung dem Zwecke des ganzen Verfahrens nicht widerspricht, ist Verzicht und beziehungsweise willkürliche Veränderung erlaubt. Also nur insofern giebt es einen gewillkürten oder Konventionalprozeß. (S. 53.) So steht den Parteien das Recht zu, zwischen mehreren im Inlande geltenden Prozeßarten nach Umständen zu wählen und vermöge ihres Dispositionsrechts über das Streitobjekt und die ihnen zu dessen Geltendmachung zu Gebote stehenden rechtlichen Mittel das gesetzliche

Verfahren zu verlängern und abzukürzen und einzelne Prozeßförmlichkeiten und Akte für überflüssig zu erklären, die nur zu ihrem Vortheile gesetzlich vorgeschrieben sind. (S. 17.) Er erklärt die prorogatio fori, die Aenderung der Fristen — auch der fatalia und die Wahl des summarischen Prozesses für zuläßig (S. 129 squ. 233. 410), giebt jedoch bei der Erstreckung des Gerichtsstandes dem angegangenen Richter ein Weigerungsrecht. (S. 129.) Linde schließt sich sonach im Wesentlichen der Martin'schen Ansicht an.

In demselben Resultate übereinstimmend, in der Motivirung jedoch etwas abweichend, ist die Ansicht v. Bayer's (Vorträge über den deutschen gemeinen ordentlichen Civilprozeß, 9. Auflage). Er sagt (§. 11. B. S. 29):

> „So wenig der Richter aus eigenem Antriebe die bestehenden Prozeßgesetze seines Landes verlassen darf, ebensowenig können ihm die streitenden Theile vorschreiben, daß er entweder nach einer fremden Gerichtsordnung oder nach selbst ersonnenen Normen verfahren soll. Es giebt keinen Konventionalprozeß vor Gericht. Wenn jedoch die Landesgesetze selbst verschiedene Verfahrungsarten billigen und den Parteien die Wahl überlassen, so ist der Richter allerdings verbunden, ihren in dieser Beziehung gestellten Anträgen Folge zu leisten. —
>
> Auch ist es den streitenden Theilen erlaubt, einzelnen bloß zu ihrem Vortheile eingeführten Formen des Verfahrens durch Verzicht oder Uebereinkunft zu entsagen.
>
> Der allein ausreichende Grund der angeführten Regel liegt übrigens auch hier in dem Umstande, daß der Richter nur auf die Gesetze seines Landes verpflichtet ist. Denn die hiefür unter Bezug auf c. 13. C. 6. 23 geltend gemachte Ansicht, daß der Civilprozeß ein Theil des öffentlichen Rechts und in dieser Eigenschaft der Abänderung durch Privatwillkür entzogen sei, ist keineswegs in Bezug auf alle prozessualischen Formen und Verhältnisse richtig".

Als solche Akte der Dispositionsbefugniß erwähnt v. Bayer: die Wahl der Prozeßart, — wenn sie zu Gunsten einer Partei bestimmt ist — (S. 387), den Verzicht auf die Appellation vor und nach Eröffnung des Urtels (S. 442), die Aenderung der Fristen, jedoch mit Ausnahme der Rechtsmittelfristen und nur mit Einwilligung des Richters (S. 465. 467. 480. 482), die Aenderung der Klage (S. 551), den Erlaß des Parteieneides (S. 908), den Verzicht des Produkten auf Fragestücke (S. 943), den öffentlichen Verkauf modo auctionis unter der Taxe mit Konsens des Gläubigers und Schuldners (S. 1113).

Als eine Folge der Dispositionsbefugniß wird auch das Verhandlungsprinzip von ihm bezeichnet, obwohl er als zweiten Grund desselben auch das erforderliche Vertrauen auf die Unparteilichkeit der Richter hervorhebt (S. 33). Als Anwendungen dieses Prinzips erwähnt er die 3 Rechtsregeln (S. 32):

1) iudex ne procedat ex officio,
2) ne eat ultra petita partium,
3) quod non in actis non in mundo.

Mit v. Bayer stimmt im Wesentlichen Heffter (System des römischen und deutschen Civilprozeßrechts, 2. Ausgabe) überein. Davon ausgehend, daß es bei dem Civilrichter sich von Privatrechten handle, über welche, wenn nicht staatsrechtliche Hindernisse eintreten, die Parteien ohne Einschränkung zu verfügen berechtigt seien, nimmt er für den Prozeß eine solche Ausnahme in Anspruch. Die Form des gerichtlichen Verfahrens sei ein Theil der Staatspraxis und könne daher weder der Willkür der Parteien, noch der einseitigen Bestimmung des Richters unterliegen. Im ersteren Falle würde das Verfahren oft seinen Zweck verfehlen, nämlich eine definitive Festsetzung des Streitobjekts vorzubereiten. Abweichungen davon seien nur zulässig, insoweit die öffentliche Ordnung und Form besondere Parteienrechte begründe, „worauf jeder, wenn er will, verzichten kann." Verständige man sich darüber im Voraus, so entstehe der sogenannte gewillkürte oder kompromissarische Prozeß, wodurch jedoch weder der wesentliche Zweck des Gerichtsverfahrens vereitelt, noch den Richtern irgend ein Zwang in Ansehung seiner Befugnisse auferlegt werden könne (S. 4 und 224).

§. 21.

Fortsetzung.

Weiter als die genannten drei Rechtslehrer geht anscheinend Wetzell (System des ordentlichen Civil-Prozesses, 1861). Er äußert sich (§. 43 S. 368) folgendermaßen:

> Da das Prozeßrecht „dem ius publicum, dem absoluten Recht angehört, so kann es selbst durch die Uebereinkunft der Parteien nicht abgeändert werden, außer in solchen Punkten, welche, wie die Vereidigung der Zeugen, die Gestattung von Rechtsmitteln, die Formen des Verfahrens nicht auf der Natur der Sache, der ratio iuris, sondern auf positiver Vorschrift beruhen."
>
> „Einen eigentlichen Konventional-Prozeß, den ältere Schriftsteller behaupten, giebt es nicht" (Note 22 l. c.).

Hiernach scheint Wetzell die Autonomie der Parteien überall da zuzulassen, wo das Gesetz — sei es ausdrücklich oder implicite als nothwendige Konsequenz der Absicht des Gesetzgebers oder der Natur der Sache — die Zulässigkeit nicht ausschließt; das Dispositionsrecht der Parteien würde hiernach die Regel bilden. Freilich erscheint diese Auffassung von der Wetzell'schen Ansicht wieder bedenklich, wenn man den Eingang des allegirten Satzes berücksichtigt.

An einer andern Stelle (§. 13 S. 61 squ.) führt Wetzell aus, daß aus der einem jeden Rechtssubjekt an sich zustehenden Befugniß, frei über seine privatrechtlichen Verhältnisse zu verfügen, sich das Resultat ergebe, daß auch die Prozeßführung von der freien Entschließung der Parteien abhängig sei, und im gemeinen deutschen Recht sei dies — im Gegensatz zur Untersuchungsmaxime der preußischen A. G. O. — nicht bloß in Beziehung auf die Begründung des Prozesses (Litiskontestation), sondern auch rücksichtlich derjenigen Vorgänge anerkannt, welche von der einmal gelegten Grundlage aus zur Vorbereitung der richterlichen Entscheidung erforderlich sind. Als die Kehrseite dieser Regel bezeichnet er (§. 43. S. 369) das Verhandlungsprinzip, weil von den Parteianträgen und deren Begründung es abhänge, daß und wie der Richter thätig werde.

Aus dem Dispositionsrecht der Parteien leitet er (§. 19 S. 105) ihr freies Ermessen ab, ob sie die Wahrheit der von der anderen Partei behaupteten Thatsachen anerkennen oder bestreiten wollen. Moralisch seien sie hiebei zwar durch ihr Gewissen gebunden; da aber das Eine sowohl als das Andere auf den Ausgang des Prozesses von wesentlichem Einfluß sei, so habe ihnen juristisch keine Schranke gezogen und in der Behauptung einer relevanten Thatsache Seitens der einen Partei nur der Anlaß zu einer bestimmten Erklärung über deren Wahrheit für die andere gefunden werden können. Das Geständniß sei demnach „eine durch den Verzicht auf den Beweis bewirkte Disposition über das streitige Recht."

Wetzell unterscheidet (§. 49. S. 469) die Parteihandlungen in willkürliche und nothwendige und versteht unter den ersteren „solche, deren man sich lediglich zum eigenen Vortheil bedient, um die durch die Litiskontestation eingenommene Stellung zu behaupten, wie Einreden, Repliken, Dupliken, Beweis- und Gegenbeweisantritt, Produktion der Beweis- und Gegenbeweismittel, Anfechtung von öffentlichen, Diffession von Privaturkunden, Beweiseinreden, Annahme von referirten und Ausschwörung von angenommenen oder auferlegten Eiden." „Auf jeden dieser Angriffe und Gegenangriffe", bemerkt er, „kann man beliebig verzichten.“ Unter nothwendigen Parteihandlungen versteht er (S. 470) „solche, welche Gegenstand einer prozessualischen Verpflichtung sind, und dem, der sie vornehmen soll, ebensowohl Nachtheil wie Vortheil bringen können — es gehören dahin die Beantwortung jenseitiger Behauptungen und die Erklärung auf die Eidesdelation.“ „Ein Verzicht auf solche Handlungen sei von vornherein unmöglich und der Ausschluß derselben ein Unding.“

§. 22.

Fortsetzung.

Am genauesten ist Gönner in seinem Handbuch des deutschen gemeinen Prozesses (1801) auf die hier in Rede stehende Frage eingegangen. Er hat es versucht, die Grundsätze darüber, in welchen Fällen die Dispositionsbefugniß der Parteien berechtigt und in welchen sie auszuschließen, zu finden, und ist zu einem Ergebniß gelangt, welches der Dispositionsbefugniß der Parteien einen großen Spielraum gestattet.

Man kann — sagt er — in allen Theilen des Verfahrens von dem Satze ausgehen, daß jeder Bürger mit seinen Rechten nach freier Willkür zu schalten befugt ist, und daraus die Folge abziehen, daß der Staat nur dann schützt, wenn der Schutz reklamirt wird, nur dasjenige, was man als das Seine ansieht, nur so wie man geschützt zu werden begehrt, und daß der Richter nur jene Mittel braucht, wodurch man die Anerkennung seines Rechts erwirken will.

Bd. I. Nr. XI. §. IV. S. 259, Bd. II. Nr. XXVII. §. I. S. 101.

Der Zweck der richterlichen Gewalt macht es jedoch unmöglich, daß Alles von der Willkür der Parteien abhänge.

Bd. II. Nr. XXVII. §. II. S. 102.

Denn im Prozesse kommen hauptsächlich zwei Fragen zur Sprache:

1) welches die Merkmale des streitigen Faktums sind,
2) ob die Merkmale des Faktums identisch sind mit denen des im Gesetze entschiedenen Falles.

In ersterer Beziehung ist ein großer Spielraum für die Willkür der Parteien denkbar, weil ein jeder auf seine Rechte Verzicht leisten kann; der Richter hängt zum Theil von dem Vorbringen der Parteien ab.

In letzterer Beziehung dagegen ist die Reflexion von entscheidendem Einfluß, hiebei kann eine Willkür der Parteien nicht gedacht werden.

Bd. I. Nr. XI. §. III. S. 258.

Wir haben daher zwei Maximen koordinirt neben einander: die Thätigkeit des Richters und die Dispositionsbefugniß der Parteien, und man muß Grundsätze aufsuchen, um nach ihnen die Grenzen zwischen beiden genau abzustecken.

Bd. II. Nr. XXVII. §. III. S. 103.

Diese Grundsätze sind nun folgende:

I. Alles, was von der Reflexion des Richters abhängt, ist der Willkür der Parteien entzogen (Verwerfen unschicklicher Libelle, irrelevanter Artikel, unfähiger Zeugen, unzulässiger Eidesdelation, Beurtheilung der Kraft der Vertheidigungsmittel, Prüfung des Einflusses der von den Parteien vorgelegten Merkmale auf Entscheidung des Rechtsstreits, Zurückführen auf die rechte Bahn beim Abweichen vom Streitpunkt in den Verhandlungen oder bei der Beweisführung).

II. Was nicht zur Reflexion des Richters, sondern zum Vorbringen der Parteien gehört, dabei tritt in der Regel die Willkür der Parteien mit rechtlichen Folgen ein. (Jeder kann seine Rechte aufgeben, ungegründete Forderungen seines Gegners erfüllen, also auch Mittel zu seiner Vertheidigung unbenutzt lassen, durch Geständnisse sich schaden, einem ungerechten Urtheil freiwillig Folge leisten, die minder vortheilhafte Prozeßart wählen, sich vor dem inkompetenten Richter einlassen, die Beweislast übernehmen.)

III. Auch in Gegenständen der Verhandlung ist die Willkür der Parteien beschränkt durch die positive Thätigkeit des Richters, soweit diese aus besonderen Ursachen begründet werden kann.

Motiv: Zweck des Prozesses als Entscheidung des Rechtsstreits, und daher ist die Einlassung der Parteien vor einem absolut unfähigen Richter nicht zu berücksichtigen; dasselbe gilt von der Aussage eines ganz untüchtigen Zeugen, wenn auch die Parteien darüber keine Einrede vorgebracht haben.

IV. Nur unter Voraussetzung eines besonderen Grundes, nur als Ausnahme wird die Willkür der Parteien durch die positive Thätigkeit des Richters beschränkt. Die Gründe für die Ausnahmen können liegen:

1) in ausdrücklichen Gesetzen, welche die richterliche Thätigkeit erweitern, und zwar entweder allgemein

(Zusprechen von Früchten, Zinsen, Schäden und Kosten ohne Antrag) oder mit Beziehung auf besondere Qualitäten des streitenden Theils oder Streitgegenstandes — bei Prozessen der Bauern und anderer Unkundiger (l. D. de edendo), von piae causae, Nov. 131 cap. 11 und 12, in Sachen der Pupillen und anderer personae miserabiles, l. 2 §. 1 D. de ne stat. des. — bei *causae publicae*, z. B. Landfriedensbrüche und andere fiskalische Sachen nach den Reichsgesetzen, Wahlkap. Leopold II. und Franz II. Art. XVI. §. 15. J. R. A. §. 106, bei geistlichen Sachen Clem. 2. de iudiciis, in Alimentensachen l. 5. §. 8. D. de agnosc. vel alend. libr., §. 9. J. de suspect. hilor., bei Heirathsguts-Angelegenheiten l. 5. §. 4. D. de jure dot., l. 22. §. 6. D. de soluto matr.),

2) in der Natur der Sache: bei wesentlichen Bestandtheilen des Gerichtsverfahrens (Legitimationspunkt) — Verhütung der Vereitelung des Prozeßzwecks (Abweichen der Parteien vom Streitpunkt) — der Gesichtspunkt der Zweckmäßigkeit oder Vollkommenheit einer gerichtlichen Handlung, vermöge dessen dem Richter die Prozeßdirektion übertragen wird (Vernehmung der Zeugen und Gutachter, Einnahme des Augenscheins und Festsetzung der Augenscheinspunkte, Erläuterung der Fragen für die Zeugen und Gutachter.)

Bd. II. Nr. XXVII. §. IV—VII. S. 106—110.

Dieser Theorie hat Gönner Erläuterungen zum dritten und weiteren Grundsatz beigefügt,

— a. a. O. §. IX. S. 113—152 —

indem er die aufgestellten Grundsätze in Anwendung bringt auf:

die Beschaffenheit der Parteischriften, besonders der Klagen, die Kompetenz, die Prozeßart, die Einreden, den Aktenschluß, die Termine, Präklusivbescheide, Inzidentpunkte, den Beweis (Thema, Beweislast, Beweismittel, Beweisresultat), die Aktenversendung, das Urtheil, die Rechtsmittel und Vollstreckung der Urtheile,

und an diesen Prozeßmomenten prüft, wie weit die richterliche Thätigkeit und die Parteienwillkür zu statuiren sei.

Die Thätigkeit des Richters und der Parteien nach diesen Grundsätzen nennt Gönner die Verhandlungsmaxime, welche von ihm eben diesen Namen erhalten hat.

§. 23.

Fortsetzung.

An diese Gönner'sche Theorie hat Brackenhöft in seiner scharfsinnig gearbeiteten Schrift: „Erörterungen über die Materien des allgemeinen Theils von Linde's Lehrbuch des deutschen gemeinen Civilprozesses“ angeknüpft. Er erkennt den Grundsatz, daß Alles, was von der richterlichen Reflexion abhänge, der Willkür der Parteien entzogen, alles Uebrige aber von deren Willkür unabhängig sei, mit unwesentlichen Modifikationen, beschränkt ihn jedoch auf den **Betrieb** des Prozesses, oder genauer auf folgende Fragen:

1) ob ein Prozeß stattfinden, also ob er eingeleitet, fortgesetzt oder beendigt werden soll, d. h. ob die zu diesen Zwecken dienenden Mittel gebraucht werden sollen oder nicht,
2) über welches rechtliche Verhältntß der Prozeß stattfinden soll,
3) inwiefern die ganze Quantität des Anspruchs Gegenstand des Prozesses sein soll,
4) welche natürlichen Thatsachen als konkrete Begründungsart jenes rechtlichen Verhältnisses gebraucht werden sollen,
5) welche von diesen Thatsachen dergestalt streitig sein sollen, daß sie einer Beweisführung bedürfen,
6) welche Mittel zu dieser Beweisführung gebraucht werden sollen.

§. 143. S. 356. squ. 366.

Soweit dagegen die Frage im Uebrigen in Betracht kommt, macht er von dem Gönner'schen Grundsatze keinen Gebrauch und schließt sich vielmehr der Ansicht Derer an, welche die Dispositionsbefugniß der Parteien zur Ausnahme machen, wenn er auch in der Begründung von ihnen etwas abweicht.

Das Prozeßrecht gehört nach seiner Ansicht zum Theil zum öffentlichen, zum Theil zum Privatrecht.

Dem öffentlichen Rechte angehörig ist die **Gerichtsverfassung**, welche daher der Willkür der Parteien entzogen ist.

Die **Normen über das Verfahren und dessen Wirkungen** sind dagegen dem Privatrecht zuzuweisen. Allerdings können die Parteien nicht bewirken, daß „das Institut anders normirt ist, als es durch die Rechtsnormen geschehen“; dagegen können die Parteien die Befugnisse und Pflichten, welche aus dem Prozeßverhältniß entspringen, **soweit sie bereits begründet sind**, durch Verzicht abändern (z. B. Erlaß des Eides, Verzicht auf die Appellation, Wahl der Prozeßart). Die Normen selbst sind um deshalb unabänderlich, weil jede Partei von dem Willen der andern unabhängig sein muß, ihre Uebereinkunft aber ohne Einfluß ist, weil der Richter aufhört ein solcher zu sein, wenn er seine Gewalt von den Parteien und nicht durch die Rechtsnormen selbst empfängt. Es giebt daher keinen gerichtlichen Konventionalprozeß.

§. 39. S. 50. squ. §. 142. S. 344. Note 3.

Die Prorogation des Gerichtsstandes erklärt er für zulässig, weil sie lediglich darauf beruhe, daß der Mangel der Befugniß des Richters, den Verklagten zur Einlassung zu nöthigen, durch den Willen des Verklagten ersetzt wird.

§. 101. S. 265. Note 2.[61])

II. Abschnitt.

Kritik der im vorigen Abschnitt mitgetheilten Ansichten.

§. 24.

Die Dispositionsbefugniß als Ausnahme.

Nach der vorstehenden Darstellung herrschen im Wesentlichen zwei verschiedene Ansichten über die zur Erörterung stehende Frage: beide erkennen die Dispositionsbefugniß der Parteien im Civilprozesse im Prinzip an, nur gilt dieselbe nach der einen Ansicht, welche die meisten Vertreter hat, als Ausnahme — nach der anderen, welche vornehmlich von Gönner vertreten wird, als Regel.

Diejenigen, welche sie nur als Ausnahme zulassen, erkennen sie gleichwohl unbedingt in dem sogenannten Verhandlungs-Prinzip an, welches auf die Befugniß der Parteien, über das Ihrige zu verfügen, zurückgeführt wird. Außerhalb derjenigen Prozeßarten aber, welche sich unter die gedachte Maxime subsumiren lassen, wird der Parteien-Disposition nur ein höchst prekäres Dasein gegönnt, es konzentrirt sich auf den Fall,

wo durch die Prozeßgesetze für die eine oder andere Partei Befugnisse begründet werden, und zwar solche, deren Ausübung

[61]) Die hier in §. 19 squ. gegebene Darstellung umfaßt die über diesen Gegenstand geltenden Ansichten, und es wäre daher zwecklos, die Ausführungen noch anderer Schriftsteller, als der hier genannten, zu wiederholen.

ohne Erheblichkeit für den Zweck oder die Entscheidung des Rechtsstreites ist, oder nach v. Bayer:

wo Formen des Verfahrens bloß zum Vortheil der Parteien eingeführt sind.

Die Abänderung solcher Befugnisse und Formen wird den Parteien zugestanden.

Dieser Standpunkt involvirt jedoch einerseits einen inneren Widerspruch, andererseits leidet er an einer völligen Unbestimmtheit.

Die Verhandlungsmaxime greift auf das Erheblichste in die Anordnung des gerichtlichen Verfahrens ein; die Prozeßnormen gewinnen eine andere Gestalt, je nachdem der Richter oder die Partei zum Herrn des Prozesses gemacht, je nachdem die Thätigkeit im Prozesse von Anfang bis zu Ende fortlaufend vom Richter bestimmt oder hauptsächlich den Parteien überlassen ist. Wird nun erst einmal als das Fundament des Verhandlungs-Prinzips mit dieser seiner weitgreifenden Wirkung die Dispositionsbefugniß der Parteien anerkannt, die letztere aber im Uebrigen als Regel ausgeschlossen: so liegt hierin ein prinzipieller innerer Widerspruch, es werden die Prozeßfunktionen auf zwei entgegengesetzte Prinzipien zurückgeführt, und zwar nicht so, daß sie beide im ganzen Bereiche des Prozesses mit einander versöhnt, sondern so, daß gewisse Gebiete lediglich dem einen, oder dem anderen Prinzip subordinirt werden. Der Widerspruch springt umsomehr in die Augen, als der Organismus des Prozeßsystems, in welchem die einzelnen Prozeßfunktionen sich gegenseitig bedingen, eine wirkliche Aussonderung verschiedener Gebiete unmöglich macht und sich deshalb die Grenzen der Wirksamkeit der einander ausschließenden Prinzipien nicht bestimmen lassen.

Zwar wird der Dispositionsbefugniß der Parteien, auch soweit das Verhandlungs-Prinzip nicht in Frage kommt, ihr Gebiet durch die Einschränkung auf die für den Zweck oder die Entscheidung des Prozesses irrelevanten Parteien-Befugnisse, auf welche verzichtet werden könne, oder auf die zum Vortheil der Parteien eingesetzten Formen angewiesen. Allein es liegt auf der Hand, daß diese Determinirung aller Bestimmtheit entbehrt; es ist da ein Begriff aufgestellt, dem nicht nur alle wissenschaftliche Berechtigung abzusprechen, sondern der auch in sich völlig unklar ist.

Von Formen des Verfahrens, die zum Vortheil der einen oder der anderen Partei eingeführt sind — zum Unterschiede von anderen Formen — läßt sich in wissenschaftlichem Sinne nicht sprechen, weil alle Formen des Prozesses — die ganzen Prozeßgesetze — nach der Absicht des Gesetzgebers dem Interesse der Parteien accomodirt sind. Jeder Gesetzgeber verfolgt das Ziel, ein Prozeßrecht zu schaffen, welches am besten seinem Zwecke entspreche, und da dieser Zweck — eine möglichst gute Rechtspflege — nur darauf ausgeht, den Parteien im Prozesse zu Statten zu kommen, so muß jede Prozeßnorm als auf den Vortheil der Parteien berechnet, erscheinen. Einer der obersten Grundsätze des Prozeßrechts ist die Parteiengleichheit, keine der Parteien darf besser gestellt sein, als die andere: non debet actori licere, quod reo non permittitur l. 4 Dig. 50, 17; ebenso l. 12 §. 4 C. 12, 19: et quoniam in controversiis, quas in iudiciis moveri contigerit, aequalitatem litigatoribus volumus servari; endlich cap. 2 X. 2, 4: cum actoris et rei eodem sit conditio. Allerdings sagt l. 125, D. 50, 17: favorabiliores rei potius, quam actores habentur; allein Martin (Vorlesungen a. a. O. §. 38, S. 257) bemerkt mit Recht, daß sich diese Stelle nur auf den Vorzug des Angegriffenen (mag er Kläger oder Beklagter sein) bezieht, ein Vorzug, der insofern obwaltet, als die angreifende Partei verpflichtet ist, ihre Angriffe genügend zu begründen, während der Angegriffene, wenn dies mißlingt, von selbst gewinnt, ohne etwas Positives zu leisten.

Für die Richtigkeit dieser Auffassung spricht auch der Grundsatz (l. 1 D. 44, 1): agere etiam videtur is, qui exceptione utitur, nam reus in exceptione actor est. Der eben besprochene Vorzug enthält aber keine Anerkennung der Parteien-Ungleichheit, sondern tritt bei beiden Parteien, insofern sie beweisbedürftige Behauptungen aufstellen, gleichmäßig ein. Martin (a. a. O.) und v. Bayer (l. c. §. 22) führen zwar einige Ausnahmen des Grundsatzes der Parteiengleichheit, welche nach gemeinem Rechte gelten, an, so die Pflicht des Klägers, wegen der Prozeßkosten Kaution zu leisten, sich auf eine Wiederklage im forum des Verklagten einzulassen, dem Letzteren die zu seiner Vertheidigung dienenden Urkunden zu ediren. Abgesehen jedoch davon, daß der letztere Fall bezüglich der Frage, ob nicht als Kläger jeder Behauptende anzusehen sei, streitig ist (cfr. Martin l. c.), lassen sich diese Fälle auf die natürliche Stellung des Angreifenden zum Angegriffenen zurückführen.

Die privilegirten Prozeßarten, wie der Mandatsprozeß, summarische Prozeß u. dgl. — und diese sind es, welche v. Bayer unter den vortheilhaften Formen des Verfahrens unter Bezugnahme auf Clem. 2, 5, 11 versteht — lassen sich ebensowenig als Formen ansehen, welche lediglich zum Vortheil des Klägers oder gar des Beklagten eingeführt sind; denn (cfr. §. 30) die schnellere Erledigung des Rechtsstreites liegt im gleichmäßigen Interesse beider Theile, deren Ehrlichkeit und Gewissenhaftigkeit vorausgesetzt. Darum hat auch mit Recht die preußische Ministerial-Instruktion (zur Verordnung v. 1/6. 1833) vom 24. Juli 1833 (§. 3) die Wahl der Prozeßform der Willkür der Parteien entzogen.

Ebenso schlimm ist es mit den für den Zweck des Prozesses und für die Entscheidung irrelevanten Parteien-Befugnissen und dem Verzicht auf dieselben bestellt. Die Rechtslehrer denken hiebei gewöhnlich an den Erlaß des Parteien- und Zeugeneides, an den Verzicht auf die privilegirte Prozeßart (Mandats-, summarischer Prozeß), an die Aenderung der Fristen und den Verzicht auf die Appellation, ohne jedoch die Zulässigkeit der Parteienwillkür auf diese Fälle zu beschränken.

Die Rechtslehrer, welche die hier zur Frage gestellte Ansicht vertreten, lassen aber auch die Aenderung und Rücknahme der Klage, bald einseitig, bald bei gegenseitigem Einverständniß der Parteien zu. Dieser Fall ist recht geeignet, die Hinfälligkeit des aufgestellten Prinzips darzuthun.

Der Zweck des Prozesses ist die Entscheidung eines Rechtsstreits und die Realisirung des bestrittenen Rechts; die Rücknahme der Klage widerspricht daher augenfällig dem Zwecke des Prozesses, ebenso aber auch die Aenderung der Klage, wenn diese Aenderung die ursprünglichen Forderungen oder das ursprüngliche Fundament betrifft, weil eine solche Aenderung einer Klagerücknahme gleichsteht. Würde die Rücknahme der Klage eine Entsagung des zum Gegenstande derselben gemachten Rechts selbst enthalten, so könnte man allerdings sagen, daß durch die Rücknahme dem Zwecke des Prozesses nicht widersprochen werde, weil alsdann ein unstreitiges Rechtsverhältniß hergestellt würde. In der That hat aber die Rücknahme der Klage, soweit sie für zulässig erklärt ist, auch nach der Ansicht der hier interessirenden Rechtslehrer nicht den Untergang des streitigen Rechts zur Folge.

Das angeführte Beispiel widerlegt auch die Martin'sche Ansicht von dem Einfluß auf die Entscheidung; denn daß die Aenderung der Klage, in dem angegebenen Sinne, die Entscheidung beeinflußt, kann wohl nicht zweifelhaft sein. Das Nämliche gilt von der Rücknahme der Klage, weil durch dieselbe die Entscheidung überhaupt unmöglich gemacht wird.

Die aufgestellte Regel ist daher zu eng.

Sie ist aber auch wiederum zu weit. Die prorogatio fori halten wenigstens die meisten der hierher gehörigen Rechtslehrer nur unter der Voraussetzung für zulässig, daß der angegangene, an sich nicht kompetente Richter nicht widerspricht.

Und doch liegt hier eine sogenannte Parteienbefugniß — nämlich an einem gewählten Orte Recht zu nehmen und resp. zu geben — anerkanntermaßen vor; zugleich ist der Verzicht auf die entgegenstehende Befugniß, bei dem zuständigen Gericht den Prozeß anhängig zu machen, für die Entscheidung der Sache und den Zweck des Prozesses regelmäßig ganz gleichgiltig.

Das Nämliche gilt von der Aenderung der Fristen, welche für zulässig erklärt wird, jedoch mit der von den Meisten festgehaltenen Maßgabe, daß bezüglich der sogenannten Nothfristen eine solche Aenderung nicht zulässig sei. Und doch hat die Aenderung der Nothfristen keinen Einfluß auf die Entscheidung, und ebensowenig widerspricht sie dem Zwecke des Prozesses.

Ganz im Stiche läßt die Regel bei der Frage, inwieweit ein einseitiger Verzicht wirksam sei. Die Annahme, daß dieser immer in den unter die Regel zu subsumirenden Fällen ausreiche, würde nicht zutreffen, obwohl dies nach dem Inhalt der Regel erwartet werden müßte.

Die Ableistung des Zeugeneides zu verlangen, sehen z. B. diese Rechtslehrer als eine Befugniß der Parteien an, und doch ist der einseitige Verzicht in diesem Falle anerkanntermaßen effektlos. Das Nämliche gilt von einer Aenderung der Fristen, soweit sie zugelassen ist, und theilweise bei einem Verzichte auf Beweis- und auch auf Rechtsmittel.

Man bewegt sich daher trotz der geltenden Regel auf einem Gebiete voller Willkür, dessen Anfang und Ende nicht zu bestimmen ist.

Es bedarf nach Vorstehendem keiner besonderen Ausführung, daß die Brackenhöft'sche Fassung, welche schlechthin den Verzicht auf Befugnisse, sofern sie durch die Prozeßnormen begründet sind, zuläßt, von den dargestellten Mängeln gleichfalls betroffen wird.

§. 25.

Die Dispositionsbefugniß als Regel.

Auf dem entgegengesetzten Standpunkt befindet sich, wie bereits gezeigt worden, Gönner, dessen Ansicht jedenfalls das Verdienstliche hat, nicht in den Widerspruch zweier neben einander stehenden Prinzipien zu verfallen. Hätten die Rechtslehrer, welche nach Gönner sich mit der Theorie des Civilprozesses beschäftigt haben, den Weg der Entwickelung, auf welchem dieser zu dem Verhandlungsprinzip gelangte, im Auge behalten, so würden sie das letztere nicht zum Ausgangspunkte eines abgesonderten Prozeßgebietes haben machen können.

Die vier Grundsätze, welche Gönner aufstellt, lassen sich füglich auf folgende drei zurückführen:

I. Alles, was von der „Reflexion" des Richters abhängt, ist der Willkür der Parteien entzogen.

II. Was nicht von der Reflexion des Richters abhängt, sondern zum „Vorbringen der Parteien" gehört, unterliegt in der Regel der Willkür der Parteien.

III. Ausnahmen von dieser Regel ad II. werden begründet:

a. durch ausdrückliche Gesetzesbestimmungen, welche theils generell sind, theils die Qualitäten gewisser Personen oder gewisser Sachen betreffen,

b. durch die „Natur der Sache", worunter Gönner die Natur und den Zweck des Prozesses überhaupt und der richterlichen Prozeßdirektion insbesondere versteht.

In diesen Fällen tritt eine „positive Thätigkeit" des Richters ein.

Diese Normen können jedoch gleichfalls nicht für stichhaltig erachtet werden.

1. Der Gegensatz von „richterlicher Reflexion" und „dem Vorbringen der Parteien" erschöpft nicht das Gebiet der prozessualischen Thätigkeit.

Es giebt eine Anzahl richterlicher Handlungen, welche sich unter den Begriff der richterlichen Reflexion nicht subsumiren lassen; fast das ganze Gebiet der sogenannten richterlichen Prozeßdirektion wird durch jenen Gegensatz ignorirt: die Präsentation der Vorträge, die Anlegung der Akten, die Kommunikativ-Dekrete, die Bestimmung der Prozeßart, die Citationen, Auflagen der Parteien und an Dritte, die Bestimmung von Fristen, die Festsetzung und Erstreckung oder Abkürkung von Terminen, die Insinuation, die Vernehmung, Vereidung von Zeugen und Parteien, die Eidesmonition, die Protokollirung, die Verhandlung des Richters mit den Parteien, die Uebung der Gerichtspolizei, die Publikationen, der Verkehr der Gerichte mit einander und die Hülfsvollstreckung. Alle diese Handlungen sind nicht identisch mit der richterlichen Reflexion, unter welcher Gönner (Bd. I. Nr. XI. §. III. S. 258) diejenige Thätigkeit des Richters versteht, welche untersucht, ob die Merkmale des zur Sprache gebrachten Faktums identisch seien mit denen des im Gesetze entschiedenen Falls.

Und wo bleibt der Bereich der Gerichtsorganisation mit seinen dahin gehörigen gerichtlichen Funktionen!

Für dies ganze Gebiet fehlt es daher an einem Grundsatze zur Beurtheilung der einschlagenden Frage. Daß auch dies der Willkür der Parteien unterliegen solle, ist keinesfalls die Ansicht Gönners.

Darauf weist schon die Einschränkung des zweiten Grundsatzes auf das „Vorbringen der Parteien" hin und wird unzweifelhaft durch die im vierten Grundsatze mit Rücksicht auf die Prozeßdirektion statuirte Ausnahme, sowie die Bemerkungen in §. II. S. 102 hierüber und besonders durch die Erläuterungen in §. IX. squ. a. a. O.

Gönner sagt selbst, es würde der Richter zur Maschine, welche von den Parteien in Bewegung gesetzt werde, wenn das Gebiet der Prozeßdirektion ausnahmslos der Parteienwillkür überantwortet wäre, und die Aenderung des gerichtlichen Verfahrens ist ihm ein Moment, das gleiche Dignität hat mit dem Grundsatze vom rechtlichen Gehör (cfr. l. c. Bd. I. Nr. VI. u. XI. S. 91—146 u. 253—301).

Der in der ersten Regel enthaltene Gegensatz ist aber auch um deshalb nicht zutreffend, weil auch die Thätigkeit der Parteien auf Reflexionen vielfach beruht.

2. Aber selbst für das übrig bleibende Gebiet, welches Gönner mit dem „Vorbringen der Parteien" umschreibt, bleiben wir völlig im Unklaren, weil sein dritter und vierter Grundsatz einerseits den zweiten wieder aufheben, andererseits die Grenzen der Ausnahmen ganz unbestimmt bezeichnen.

Die Ausnahmen sollen begründet werden können durch ausdrückliche Gesetze, welche die Dispositionsbefugniß ausschließen. Hier verfällt Gönner in den Fehler zu vergessen, daß er über der positiven Gesetzgebung steht, für welche er erst die Grundsätze aufsuchen will.

Wenn die positive Gesetzgebung ohne Weiteres und ohne besondere Gründe befugt ist, das eben aufgestellte Prinzip zu durchbrechen, dann fehlt es an jeder wissenschaftlichen Grenze für die Ausschließung der Parteienwillkür, dann bedarf es der Gönner'schen Grundsätze überhaupt nicht — dann kann nur der eine Grundsatz gelten: die Parteienwillkür ist nur soweit berechtigt, als es der Gesetzgebung eines Staates gerade beliebt, sie zuzulassen.

Gönner wollte offenbar dies nicht sagen, sondern vielmehr: der Gesetzgeber ist unter Umständen berechtigt, Ausnahmen von der Dispositionsbefugniß der Parteien zu statuiren. Alsdann mußte er aber schlechterdings entweder die Gründe, nach welchen eine solche Ausnahme prinzipiell zu rechtfertigen ist, angeben, oder speziel alle möglichen Ausnahmefälle aufzählen — sowohl die nach den bestehenden Gesetzgebungen anerkannten, als auch die sonst legislatorisch statthaften. Die Erläuterungen, welche er am §. IX. abgiebt, mögen wohl die Bestimmung haben, diese Lücke zu ergänzen, sie sind aber nach der ebenbezeichneten Richtung hin augenscheinlich unvollständig.

Ein weiteres Gebiet von Ausnahmen findet Gönner in der „Natur der Sache"; es werden hier folgende Momente aufgeführt:

a. die wesentlichen Bestandtheile des Prozesses,

b. die Verhütung von Handlungen der Parteien gegen den Zweck des Prozesses,

c. die Rücksicht auf die größere Zweckmäßigkeit und Vollkommenheit einer gerichtlichen Handlung.

Alle diese Momente entbehren der nothwendigen Bestimmtheit, um ihren Wirkungskreis genau feststellen zu können.

Der Begriff der wesentlichen Bestandtheile des Prozesses ist relativ; die Rechtslehrer bestimmen ihn bald enger, bald weiter, Gönner selbst hat ihn nicht ausreichend präzisirt, er hat beispielsweise auf den vom Richter von Amtswegen zu regulirenden Legitimationspunkt verwiesen. So ohne weitere Darlegung seines Inhalts hingestellt, erscheint er für die vorliegende Frage als eine petitio principii; denn wesentlich ist dann jeder Bestandtheil des Prozesses, der durch die Parteienwillkür nicht geändert werden kann.

Wird, wie in dem zweiten Ausnahmefalle, auf den Zweck des Prozesses das Hauptgewicht gelegt, so möchte der erste Fall darunter mit zu begreifen sein, weil die Feststellung, welche Bestandtheile wesentlich, grade im Hinblick auf den Zweck des Prozesses zu treffen sein wird. Wie weit aber sonst diese Ausnahme zu extendiren, dafür bietet die Rücksicht auf diesen Zweck doch keinen genügenden Anhaltspunkt.

Die dritte Ausnahme ist auf einen bestimmten Begriff überhaupt nicht zurückzuführen. Die Rücksicht auf die größere Zweckmäßigkeit und Vollkommenheit gerichtlicher Handlungen würde dahin führen können, die gänzliche Ausschließung der Dispositionsbefugniß der Parteien zu rechtfertigen und alle Thätigkeit in die Hand des Richters zu legen — wie dies im Großen und Ganzen die preußische A. G. O. gethan hat — oder sie würde das Verfahren zu einem völlig formlosen umgestalten, wenn im jedem einzelnen Falle die Erörterung berechtigt wäre, ob die vom Gesetze aufgestellte Form oder die von den Parteien beliebte zweckmäßiger sei.

Sonach ergiebt sich, daß die Gönner'sche Schematisirung durchaus unzureichend ist, um die in Rede stehende Frage wissenschaftlich zu lösen.

§. 26.
Vermittelnde Auffassung.

Eine Mittelstellung zwischen den eben beleuchteten, einander entgegenstehenden Ansichten scheint die Wetzell'sche zu nehmen — scheint, sagen wir, weil die Bemerkungen Wetzell's über diesen Punkt zuverlässige Schlüsse auf den eigentlichen Kern dessen, was er meint, nicht gestatten.

Er sagt, das Prozeßrecht, als dem öffentlichen Rechte angehörig, sei durch die Parteienwillkür nicht zu ändern — und doch läßt er dieselbe in einem Athemzuge wieder soweit zu, als die Prozeßnormen nicht auf der ratio iuris beruhen — denn zwischen Prozeßnormen und „Formen des Verfahrens“ läßt sich ein Unterschied nicht finden. Wetzell handelt unter der Ueberschrift: „Von der Form des Verfahrens“ (Drittes Buch, S. 664 squ.) von dem ganzen Prozeßorganismus: vom „Wesen und Inhalt eines Rechtsstreits“ — „von den Akten“ — „von dem Ort und der Zeit des gerichtlichen Verfahrens“ — „von der Form der prozessualischen Handlungen“ — „von Terminen und Fristen“ — „von der Ordnung der Prozeßhandlungen“ — dem „Prinzip der Reihenfolge“ — dem „Eventualprinzip“ — dem „Kontumazialverfahren“ — endlich von dem „Exekutionsverfahren“.

Dieser Widerspruch läßt sich nur durch die Annahme lösen, daß — nach der Ansicht dieses Schriftstellers — die Prozeßgesetze nur soweit dem öffentlichen Recht angehören, als sie ius cogens enthalten — dieser Inhalt aber nur denjenigen Prozeßgesetzen beiwohnt, welche entweder auf den Prinzipien beruhen, die der Gesetzgeber seinem Prozeßsystem zu Grunde gelegt hat, oder auf solchen Prozeßgrundsätzen beruhen, welche die conditio sine qua non der Prozeßgesetzgebung überhaupt bilden. Etwas Anderes läßt sich füglich unter der ratio iuris in der hier vorliegenden Verbindung nicht verstehen.

Hiernach würde, wenn man in den Prinzipien eines Prozeßsystems seinen wesentlichen Inhalt findet, die Unzulässigkeit der Parteienwillkür die Regel bilden, ihre Zulässigkeit dagegen nicht auf den engen Rahmen „irrelevanter“ Parteienbefugnisse eingeschränkt sein, sondern überall Platz greifen, wo eine Prozeßvorschrift in dem angegebenen Sinne nicht auf den Charakter eines ius cogens Anspruch machen kann.

Geht man davon aus, daß die Dispositionsbefugniß der Parteien sich selbst als Prinzip darstelle (§. 13. S. 61 squ.), so kann man ebensowohl sagen, sie bilde die Regel, welche nur dann Ausnahmen erleide, wenn andere Prinzipien des Prozeßsystems zu solchen nöthigen. Diesem letzteren Gesichtspunkte entsprechend bezeichnet Wetzell das Verhandlungsprinzip als die „Kehrseite“ des Dispositionsrechts der Parteien, insofern mit jenem Prinzipe ausgesprochen wird, daß der Richter ohne Aufforderung der Parteien nicht in Thätigkeit trete.

Dieser Standpunkt giebt aber ebensowenig, wie die andern, eine genügende Antwort auf die Frage, in welchen Fällen die Parteienwillkür berechtigt und in welchen sie auszuschließen sei. Die „ratio iuris“, welche den Schlüssel bilden soll, ist ein viel zu vager Begriff; wir erfahren nicht, in welcher Art das Dispositionsrecht der Parteien mit den andern Prinzipien vermittelt, wie die unvermeidliche Kollision zwischen diesen beiden Prinzipien rechtsgrundsätzlich gelöst wird.

Es kommt hinzu, daß in jeder Prozeßgesetzgebung eine große Anzahl von positiven Vorschriften besteht, welche auf solche Prozeßprinzipien nicht zurückgeführt werden können, sondern lediglich Zweckmäßigkeitsrücksichten ihre Entstehung verdanken und bei denen gleichwohl eine Aenderung durch die Parteienwillkür gewiß auch von Wetzell nicht immer statuirt werden wird, so z. B. das Abhalten der Termine an gerichtsseitig bestimmten Tagen, die Abnahme der Zeugeneide vor oder nach der Vernehmung, die Vernehmung der Zeugen nach Artikeln oder ohne solche, die Form der Protokolle, die Abweisung unbegründeter Parteianträge a limine oder per sententiam, die Zulassung dilatorischer Einreden bloß vor der Litiskontestation oder nach derselben, die Einforderung oder Nichteinforderung von Re- und Dupliken und dergleichen mehr.

Der wesentlichste Mangel dieses Standpunktes liegt hier, wie bei den übrigen, in der Auffassung des Begriffs der Dispositionsbefugniß der Parteien. In dieser Beziehung sei hier nur vorläufig auf die Wetzellsche Unterscheidung von „willkürlichen“ und „nothwendigen“ Parteihandlungen hingewiesen. Die ersteren sollten solche sein, deren man sich lediglich zum eigenen Vortheil bediene — die letzteren solche, welche eine Pflicht enthielten und sowohl Vortheil wie Nachtheil bringen könnten. Die Beispiele, welche Wetzell für beide Klassen anführt, beweisen schon auf den ersten Blick die Unhaltbarkeit dieser Eintheilung. In die erste Kategorie rechnet er z. B. Einreden, Beweisantritt, Annahme und Leistung von Eiden — als ob die Unterlassung dieser Handlungen nicht auch Nachtheil brächte! Was aber, wenn unterlassen, der Partei Nachtheil bringt, das zu thun ist ihre Pflicht, und die sogenannten willkürlichen Handlungen unterscheiden sich in Nichts von den sogenannten nothwendigen. Warum bei den letzteren ein Verzicht im Wetzell'schen Sinne, wenn man nun einmal diesen Begriff auf Prozeßhandlungen erst für anwendbar erachtet, unmöglich sein soll — also z. B. der Verzicht auf die Erklärung über den Eidesantrag oder auf die Beantwortung der Klage — ist nicht abzusehen.

Solcherlei verfehlte Eintheilungen und unhaltbare Begriffe rühren lediglich von der unrichtigen Auffassung der Parteistellung im Prozesse her.

Die Aufgabe des nächsten Abschnittes ist es, dies näher darzulegen und daraus die Folgen für den Gegenstand unserer Untersuchung zu ziehen.

III. Abschnitt.

Die Entwickelung des Begriffs der Parteien-Disposition und der Nachweis ihrer Unzulässigkeit.

§. 27.

Das Streitverhältniß.

Jedem Prozesse liegt die Behauptung einer Rechtsverletzung zu Grunde. Da aber das Recht (im subjektiven Sinne) das Resultat eines Rechtsverhältnisses sein muß, so setzt jeder Prozeß die Behauptung eines Rechtsverhältnisses voraus, gleichviel ob dasselbe wirklich vorhanden oder nur in der Meinung des Behauptenden existirt.

Der Prozeß enthält den Streit um dieses Rechtsverhältniß, resp. um das daraus angeblich resultirende Recht, und die Parteien treten sonach durch den Prozeß in ein Streitverhältniß zu einander.

Dies letztere hat einen ganz bestimmten Inhalt. Denn da es die Aufgabe des Prozesses ist, das streitige Recht festzustellen und in zweiter Reihe dessen Realisirung für den eventuell Berechtigten herbeizuführen, so liegt in diesem Zwecke des Prozesses der Inhalt des Streitverhältnisses.

Dieser Inhalt hat zur unmittelbaren Folge, daß die im Streitverhältniß Befangenen in eine Rechtsbeziehung treten; denn soll dasselbe den Prozeßzweck erfüllen, so müssen die streitenden Theile auch die Pflicht haben — und zwar wechselseitig — einerseits die Herbeiführung dieses Zweckes zu ermöglichen, andererseits Demjenigen, was als Recht festgestellt wird, sich zu unterwerfen.

cf. l. 3. p. D. 46. 7: „sententiis se subsiderunt" und l. 20. D. 6. 1: „ut omne habeat petitor, quod habiturus foret, si eo tempore, quo iudicium accipiebatur, restitutus illi homo fuisset" und dazu v. Savigny, System Bd. VI. §. 258.

Das Streitverhältniß ist daher selbst wiederum ein Rechtsverhältniß, als die Beziehung zweier oder mehrerer Personen zu einander zur Begründung des wechselseitigen Rechts, die Erfüllung der eben bezeichneten Pflichten von einander zu fordern.

Es ist zugleich klar, daß das Streitverhältniß nicht identisch ist mit dem zu Grunde liegenden streitigen Rechtsverhältnisse; dies ergiebt der angegebene Inhalt des Rechtes, welches aus dem Streitverhältniß resultirt, da für dieses das streitige Rechtsverhältniß nur das Material bildet, um dessentwillen das Streitverhältniß entsteht.

Die Verschiedenheit beider Verhältnisse tritt recht oft eklatant hervor. Während das streitige Rechtsverhältniß nur die innerhalb desselben Stehenden betrifft, kann das Streitverhältniß auch auf außerhalb jenes Rechtsverhältnisses stehende Personen influiren; ich erinnere an die Fälle der Intervention, Adzitation und Litisdenunziation, an die Wirkung der Urtel in Ehesachen auf die aus der Ehe hervorgegangenen Kinder u. s. f. Auch giebt es Streitverhältnisse, ohne daß von ihrer Entscheidung die Feststellung eines Rechtsverhältnisses unmittelbar abhängt, wie die Präjudizialfragen und präparatorischen Sachen. Dasselbe Rechtsverhältniß kann verschiedenen Streitverhältnissen zu Grunde liegen, wie da, wo verschiedene Klagen aus einem Rechtsverhältnisse abgeleitet werden.

Das Streitverhältniß ist nach Vorstehendem immer — mit alleiniger Ausnahme des Kompromisses — eine obligatio ex lege, während dies selbstredend bei dem streitigen Rechtsverhältniß nicht der Fall zu sein braucht.

vgl. Brackenhöft a. a. O. S. 34. 82. squ.; Heffter a. a. O. §. 104. S. 114.

§. 28.
Die Prozeßobligation im römischen Recht.

Diese eigenthümliche Obligation war auch im römischen Recht anerkannt. Nur wurde sie im älteren Recht mit besonderer Beziehung auf den V e r k l a g t e n zum Ausdruck gebracht, in der Regel: ante litem contestatam dare debitorem oportere, *post litem contestatam condemnari oportere*, post condemnationem iudicatum facere oportere.

Gaius, Instit. III. §. 180. IV. 107.

Sobald das Streitverhältniß begründet war, sollte zwischen die ursprüngliche Obligation und die aus dem künftigen Judikate originirende (actio iudicati) eine auf „condemnari oportere" gerichtete Verpflichtung des Verklagten treten, d. h. seine Pflicht, eine richterliche Entscheidung möglich zu machen, welche hier schlechthin als condemnatio bezeichnet ist, weil entsprechend dem dare oportere der Fall vorausgesetzt wird, daß die klägerische Forderung begründet ist. Denn der Verklagte hatte die Pflicht, sponsione (d. h. in iure) se defendere und iudicio se defendere; so spricht die lex Rubria wiederholt von dem iudicio uti oportet se defendere.[62])

Das condemnari oportere bestand demgemäß in der Pflicht des Verklagten, „Alles zu thun, was seinerseits erforderlich, ein gültiges Erkenntniß zu erwirken." [63])

Ulpian erwähnt in l. 8. §. 3. D. 46. 2. die *litis exercitatio* seitens des Verklagten und die Bestellung eines fideiussor für dieselbe, und Becker vermuthet (a. a. O. S. 338) m. E. mit Recht, daß die Worte naturalis obligatio grade auf diese Pflicht des Verklagten zur litis exercitatio gehen. Denn den Worten: et post litem contestatam fideiussor accipi potest, quia et *civilis* et *naturalis* subest obligatio, entsprechen die folgenden: et si quidem *iudicati* actionis acceptus non est, sed tantum *litis exercitationis.*

Und in der That ist diese aus dem Streitverhältnisse entspringende Obligation der Parteien nur eine Natural-Obligation, da sie sich durch Klage nicht erzwingen läßt. Die Partei kann z. B. durch Klage nicht genöthigt werden, das Richtige zuzugestehen oder einen Eid zu leisten. Der Gesetzgeber verschafft dieser Natural-Obligation nur indirekt Wirkung dadurch, daß er, falls die Partei nöthige Prozeßhandlungen unterläßt, in contumaciam verfährt, oder Rechtsgeschäfte der Partei, welche dieser Pflicht zuwiderlaufen, z. B. den Verkauf einer res litigiosa, für unwirksam oder, wie bei Abtretung der Klage, wenigstens für die andere Partei unschädlich erklärt. Für das römische Recht trat der Charakter des Streitverhältnisses als einer Obligation freilich auch äußerlich erkennbar durch die Zusammenfassung des Rechtsstreites in die formula hervor.

---

[62]) Keller §. 27. Note 314 und §. 65 und die daselbst angeführte Nr. 21 der l. Rubria und Becker die prozessualische Konsumtion S. 296 squ.

[63]) Becker l. c. S. 298; vgl. dagegen Buchka, die Lehre vom Einfluß des Prozesses Theil I. S. 177. 178.

Im justinianeischen Recht ist die hier in Rede stehende Prozeß-Obligation grade wieder in Bezug auf den Kläger gesetzlich besonders gewürdigt. Er mußte gleich im Anfange des Prozesses versprechen, daß er bei dem eingeleiteten Prozesse bis zu dem Ende ausharren wolle: quod in iudicio permaneat usque ad terminum litis.

nov. 53. c. 1., nov. 112. c. 2. und 3. injuste enim agere recusat, qui paratus adversarium suum ad iudicium vocavit — quamobrem sancimus actorem coeptum negotium usque ad finem litis exercere; cf. Buchka a. a. O. Bd. II. S. 23. und 82. squ., 105.

Daß die Prozeßobligation auch im älteren Recht für den Kläger bestand, folgt nicht bloß aus dem Verbot der Veräußerung einer res litigiosa, sondern auch unmittelbar aus dem Institut der prozessualischen Konsumption, da sie zur Folge hatte, daß die Rücknahme einer in iudicium deduzirten Klage für immer verloren war. Ja, die Konsumption bestand ihrem Grunde nach vielleicht grade in einer strengen Durchführung der für beide Parteien aus dem Streitverhältniß sich ergebenden Prozeßobligation: es wurden nicht bloß die Ansprüche des Klägers, sondern auch die des Verklagten konsumirt.[64])

§. 29.

Ausübung des Rechts.

Die Natur des Rechts bringt es mit sich, daß derjenige, welchem es zusteht, regelmäßig über dasselbe und beziehungsweise über den Gegenstand des Rechtsverhältnisses, frei verfügen kann, vorausgesetzt daß in seiner Person nicht Mängel der Verfügungsfähigkeit liegen. Eine Art der Verfügung — und zwar die hauptsächliche und gewöhnliche — ist die Ausübung des Rechts, eine Art der Ausübung ihre Geltendmachung im Prozesse. Indem ich mein Recht gegen Verletzung durch den Richter schützen, anerkennen und zur Wirkung bringen lasse, übe ich es aus. Aus der Verfügungsfreiheit folgt, daß die Anstellung der Klage von meinem Willen abhängt; ich kann die Klage anstellen, muß es aber nicht.

Diese Freiheit der Verfügung hat aber ihre Schranke an dem Rechte des Anderen, auf denselben Gegenstand meines Rechts, und zwar dergestalt, daß ich gewisse Verfügungen über mein Recht ganz unterlassen, andre als eine Pflicht gegen den mir gegenüberstehenden Berechtigten vollziehen muß. Die Ausübung meines Eigen-

---

[64]) Becker, a. a. O. §. 10. S. 119 squ.; Keller a. a. O. §. 60. Note 703.

thumsrechts am Hause durch Benutzung seiner Räumlichkeiten hört für mich auf, sobald ich es vermiethet habe — zur Ausübung meines Pachtrechts durch Bestellung des Ackers bin ich gezwungen durch das dem Verpächter eingeräumte Recht, eine Konventionalstrafe oder die Rückgabe des Pachtobjektes im Falle der Nichtbestellung des Ackers von mir zu fordern. Eine Eigenthümlichkeit der Verfügungsfreiheit liegt also grade darin, die Ausübung des Rechts in die Erfüllung einer Pflicht umwandeln zu können. Sobald diese Umwandlung vollzogen ist, hört meine Verfügungsfreiheit, nach dem Begriffe der Pflicht als eines Zwanges, selbstverständlich auf.

Die Ausübung des Rechts kann aber auch so geschehen — und dies ist der gewöhnliche Fall —, daß ich zwar darüber, ob ich das Recht ausüben will oder nicht, freie Verfügung behalte, durch die einmal erfolgende oder erfolgte Ausübung aber Pflichten für mich gegen Andere erzeuge. Ich bin z. B. berechtigt, Oeffnungen in meinem Hause nach des Nachbars Grundstück zu anzubringen, muß sie aber, wenn ich es thue, in einer gewissen Höhe anlegen und mit Stäben oder einem Gitter versehen. (§. 138. I. 8. A. L. R.)

§. 30.
Ausübung des Rechts durch Klage.

Wer die Ausübung seines Rechts durch Anstellung des Prozesses wählt, übernimmt damit ebenfalls Pflichten, wie im §. 27 schon dargelegt worden ist. Er macht sich verbindlich, eine der Sache und den Gesetzen entsprechende Feststellung des streitigen Rechts zu ermöglichen und der erfolgten Feststellung sich zu unterwerfen; denn der Prozeß setzt voraus, daß ein Recht bestritten ist oder bestritten werden kann. Diese Pflicht hat der Kläger sowohl gegen den Richter, welcher zur Feststellung des streitigen Rechts angerufen ist, als auch insbesondere gegen den Verklagten, welchem gegenüber das streitige Recht in Anspruch genommen wird. Der Pflicht des Klägers entspricht mit gleichem Inhalt die Pflicht des Verklagten gegen den Kläger und gegen den Richter, und sobald einmal eine solche Rechtsbeziehung zwischen dem Kläger und Verklagten hergestellt ist, stehen sich daher zwei gleiche sich deckende Ansprüche in Bezug auf das streitige Recht gegenüber.

Hieraus folgt, daß der Berechtigte durch die Ausübung seines Rechts in Form der Klage diese Art der Ausübung zu einer Pflicht für sich macht, da dem bezeichneten Anspruche des Verklagten gegen ihn der Boden entzogen würde, wenn es ihm freistände, die erfolgte

Art der Ausübung seines Rechts weiter ungeschehen zu machen, also die Klage wieder beliebig zurückzunehmen.

Die freie Verfügung des Klägers wird daher mit dem Augenblicke aufgehoben, wo die Beziehung zwischen ihm und dem Verklagten eingetreten ist. Nur bis zu diesem Zeitpunkt behält der Berechtigte die Freiheit, die gewählte Art der Ausübung seines Rechts wieder aufzugeben, vorausgesetzt natürlich, daß er nicht die Forderung selbst aufgiebt.[65])

Diese Beziehung tritt aber ein, sobald für den Beklagten die Erfüllung der ihrem Inhalt nach bezeichneten Pflicht beginnt, und dies ist der Fall, sobald er die Pflicht hat, sich über den Anspruch des Klägers zu erklären. Wann er diese Pflicht hat — ob sofort nach Kenntnißnahme der Klage oder innerhalb einer bestimmten Frist nachher oder in einem zu seiner Erklärung anzusetzenden Termine —, dies zu bestimmen, ist eine Zweckmäßigkeitsfrage für den Gesetzgeber. Inwieweit die Klage auch noch später zurückgenommen werden könne, ist im §. 34 erörtert.

Die Pflicht, welche für den Kläger aus dem Streitverhältnisse entsteht, hat aber ferner zur Folge, daß die Aufhebung seiner freien Verfügung auf die das Streitverhältniß einleitende Handlung — auf die Klage — zurückwirkt. Es steht nicht im Belieben des Klägers, welche Klage er wählen will, er ist in Beziehung auf ihren Inhalt und ihre Form gebunden. Auf ihren Inhalt — denn hat das Streitverhältniß eine den Gesetzen entsprechende Entscheidung zum Ziele, so muß der Kläger schlechterdings auch verpflichtet erscheinen, von demjenigen Klagerecht Gebrauch zu machen, welches dem Rechtsverhältniß, das er zum Gegenstande des Streitverhältnisses macht, und beziehungsweise den für das Rechtsverhältniß geltenden gesetzlichen Bestimmungen entspricht. In Bezug auf die Form der Klage, und zwar sowohl in Ansehung ihrer Requisite als ihrer prozessualischen Art (summarischer, ordentlicher Mandatsprozeß) ergiebt sich die Gebundenheit gleichfalls aus der Natur des Streitverhältnisses, welche es dem Kläger zur Pflicht macht, diejenigen Formen zu beobachten, welche der Gesetzgeber für den einzelnen Fall als die für die Entscheidung der Sache und Vorbereitung derselben zur Entscheidung zweckmäßigsten erachtet hat. Dies gilt namentlich auch dann, wenn gewisse Formen darauf berechnet sind, das Recht des Klägers schneller wirksam zu machen, wie dies bei den

---

[65]) Vergl. wegen des hiermit übereinstimmenden justinianeischen Rechts Buchka a. a. O. Bd. II. S. 24. 25.

sogenannten privilegirten Prozeßarten der Fall ist. Der Kläger ist nicht berechtigt, dieser Prozeßart sich zu begeben, und eine seiner Rechtsverfolgung minder vortheilhafte zu wählen, weil lediglich das Interesse an der Erfüllung des Zweckes des Streitverhältnisses maßgebend ist, dieser aber nach der Ueberzeugung des Gesetzgebers durch die für den einzelnen Fall vorgesehene Form am besten erreicht wird. Der Gesetzgeber würde sich daher mit der Aufgabe des Streitverhältnisses — also mit seinen eigenen Intentionen — in Widerspruch setzen, wenn er, obwohl er eine sogenannte privilegirte Form für die im bestimmten Falle zweckmäßigere erachtet, dem Kläger das bezeichnete Wahlrecht einräumen wollte. Abgesehen hievon hat auch der Verklagte um seiner Vertheidigung und also der ihm obliegenden Pflicht willen ein Recht darauf zu fordern, daß der gegen ihn erhobene Anspruch in den vom Gesetzgeber für denselben besonders vorgeschriebenen Formen verfolgt werde.

§. 31.
Die Bedeutung der Form im Prozesse.

Der Aufstellung bestimmter Formen für den ganzen Verlauf des Streitverhältnisses kann der Gesetzgeber nicht entrathen. Eine Willkür in der Behandlung des Streitverhältnisses würde eine perpetuirliche Ungleichheit der Parteien gegen einander zur Folge haben. Es würde das Zusammenwirken der Parteien und des Richters, welches zur Erfüllung des Streitverhältnisses nothwendig ist, im höchsten Grade erschwert, wo nicht unmöglich gemacht werden. Ein Versuch, zur Feststellung aller geeignetsten und nothwendigen Formen in jedem einzelnen Falle auf den Begriff der Prozeßobligation und ihres Zweckes zurückzugehen, würde eine endlose Unsicherheit zur Folge haben, es würden überdies durch jeden einzelnen Prozeß eine Unzahl Streitfragen über die bloße Form hervorgerufen werden und ihre Entscheidung eines unbefangenen Richters entbehren, da dieser in Bezug auf seine eigenen Pflichten, deren Form und Umfang, Richter in der eigenen Sache sein würde. Sonach ist es unumgänglich nöthig, daß diese Formen, ein für alle Male, soweit dies möglich und erforderlich, festgestellt werden, und daß der Gesetzgeber, nur unter Voraussetzung der Beobachtung vorgeschriebener Formen Seitens der Parteien, sich der Feststellung streitiger Rechtsverhältnisse unterzieht und andererseits die Parteien nöthigt, sich diesen Formen zu unterwerfen. Obenein liegt im Interesse der Rechtssicherheit im Staate eine geordnete einheitliche Rechtspflege, welche das Wohl Aller zu berücksichtigen hat.

Diese Formen haben den Zweck, die aus dem Streitverhältnisse für die Parteien und den Richter sich ergebenden Pflichten zu bestimmen, und sind daher nach ihrem Grundgedanken — ihrem Wesen — allerdings aus der Natur des Streitverhältnisses abzuleiten; (cfr. Mittermaier l. c. S. 22 und 23. I. Beitrag) ihre konkrete Gestaltung — also ihre Erscheinungsform — wird aber stets von vielerlei Rücksichten abhängen müssen, wie dies z. B. die lokalen Verhältnisse und der Bildungsgrad der Bevölkerung sind. Diese Rücksichten sind Ausflüsse der Zweckmäßigkeit, der sogenannten Prozeßpolitik.

Treffend äußert sich Ihering, Geist des römischen Rechts III. Th. I. Abtheilung §. 50 Seite 17:

„Rechtspflege und gesetzliche Ordnung des prozessualischen Verfahrens ist gleichbedeutend; denn Freiheit des Verfahrens heißt Freiheit richterlicher Willkür und Parteilichkeit, Freiheit der Chikane und der Verschleppung des Prozesses; wäre das Suchen nach Wahrheit auf Seiten der Parteien ein ebenso uninteressirtes, wie es auf Seiten des Richters sein soll, das Recht brauchte sie dabei in keiner Weise zu beschränken, allein dem Interesse an der Ermittelung der Wahrheit auf der einen Seite steht auf der andern das grade entgegengesetzte gegenüber, auf beiden Seiten reicht das Interesse an der Wahrheit nur soweit als das Interesse, und eben dieser Umstand allein würde eine Ordnung des Prozesses nöthig machen. — Der Prozeß ist also eine Nothwendigkeit“.

Seite 20: „Die Gestaltung des prozessualischen Verfahrens ist eine reine Frage der Zweckmäßigkeit oder der legislativen Politik.[66])

§. 32.

Einschränkung der Dispositionsfreiheit.

Das bezeichnete Verhältniß der beiden Parteien zu einander schließt aber folgerichtig nicht bloß die freie Verfügung des Klägers darüber, ob er bei der Klage stehen bleiben, oder sie zurückziehen oder in welchen Formen er sie anstellen wolle, sondern auch für den weiteren Verlauf des Prozesses bis zur ergangenen Entscheidung desselben die Verfügung über das Recht aus, welches er durch die Prozeßführung dem

[66]) Vergl. auch Mittermaier, der gemeine deutsche bürgerliche Prozeß, I. Beitrag, S. 2 und 3, 19, 22 und 23.

Verklagten gegenüber erlangt hat, weil eben seinem Rechte eine Pflicht von gleichem Inhalte gegenübersteht. Jede Verfügung über dies Recht nach seinem Belieben würde eine Verletzung der Pflicht gegen seinen Gegner enthalten.

Da das Streitverhältniß die Feststellung des streitigen Rechts unter den Parteien zur Aufgabe hat, so folgt daraus ferner, daß der Berechtigte während des Prozesses sich jeder derartigen Ausübung des streitigen Rechtes zu enthalten hat, welche das streitige Rechtsverhältniß, beziehungsweise seinen Gegenstand veränderte, denn wer ein Recht zum Gegenstande des Prozesses macht, setzt damit das Recht als ein streitiges, sonach als ein solches, dessen Nichtexistenz möglicherweise vom Richter festgestellt werden kann. Bis zur Feststellung der Existenz hat er daher gewissermaßen die Rolle eines Verwalters fremder Sachen, die er wohl zu konserviren befugt und verpflichtet, nicht aber zu verändern berechtigt ist. Er kann also in der Zwischenzeit mit dem Rechte und seinem Gegenstande nur solche Verfügungen treffen, welche weder auf das Rechtsverhältniß noch auf seinen Gegenstand verändernd einwirken. Deshalb muß die Veräußerung der Klage oder des streitigen Objekts für den Prozeßgegner ohne Einfluß bleiben.

Das Streitverhältniß entzieht sonach dem Berechtigten die freie Verfügung:

a. über die in der Anstellung der Klage liegende Art der Ausübung des dem Streitverhältniß zu Grunde liegenden Rechts,
b. über das aus dem Streitverhältniß selbst resultirende Recht,
c. über alle sonstigen Arten der Ausübung des streitigen Rechts, sofern sie eine Veränderung des streitigen Rechtsverhältnisses oder seines Gegenstandes involviren.

Welcher Einfluß sonst durch das Streitverhältniß auf das streitige Rechtsverhältniß geübt wird, dies zu erörtern liegt außerhalb des Zwecks dieser Abhandlung.[67])

Nur dies mag hier bemerkt werden, daß die Annahme einer prozessualischen Konsumption — wie sie jedenfalls in dem römischen vorjustinianeischen Recht bestanden hat — durch unsere Auffassung des Streitverhältnisses weder bedingt noch beabsichtigt wird. Das Streitverhältniß als solches führt zur Konsumption nicht nothwendig, weil einerseits die Prozeßobligation aus dem Streitverhältnisse nur Pflichten der Parteien während der Dauer desselben erzeugt und andrerseits nach moderner Anschauung der Inhalt eines Rechts nicht

[67]) cf. besonders hierüber v. Savigny a. a. O. Bd. VI. §. 279.

nach einer actio, die dafür gegeben ist, bestimmt, sondern umgekehrt aus dem Rechte die actio abgeleitet wird. Nach römischem Recht war aber ein Recht regelmäßig nur soweit vorhanden, als das Gesetz oder das Edikt eine Klage gegeben hatte; die formale actio war das Recht selbst, der Prätor stellte nicht Rechtssätze auf, sondern er gab Klagen. Als solche hatten sie gar nicht den Zweck, ein selbstständiges Dasein zu führen, sondern vielmehr eine Judikatsobligation zu erzeugen. Die actio war daher mit dem Momente, in welchem sie sich ihrem Ziele entgegenbewegt — und dies geschah mit der litis contestatio, mit welcher erst die actio wirklich ins Leben trat,[68]) — ihrem Zwecke nach verbraucht, sie war in der formula aufgegangen, durch welche, je nachdem die Bedingung des si paret eintrat oder nicht, das Recht des Klägers neu bestimmt wurde. Das römische Recht entwickelte sich eben am Prozesse, wie dies wenigstens in ähnlicher Weise auch im älteren germanischen Recht der Fall war und überall der Fall sein muß, wo ein Volk aus sich heraus das Recht bildet. Es beginnt nicht mit abstrakten Rechtssätzen, sondern diese entwickeln sich erst aus der Rechtsauffassung konkreter Fälle.

Wenn (§. 28) daher die Vermuthung aufgestellt wurde, daß die Prozeß-Konsumption im römischen Recht ihren Grund in einer konsequenten Durchführung der Prozeßobligation] gehabt haben mag, so ist dabei die eben bezeichnete eigenthümliche Natur der actio — welche im modernen Recht derselben nicht beiwohnt — in Rücksicht gezogen, so daß diese Vermuthung mit dem oben aufgestellten Satze, daß das Streitverhältniß nicht nothwendig zum Institute der Prozeß-Komsumption führe, nicht im Widerspruch steht. Eine Bestätigung hiefür bietet der Umstand, daß soweit Recht und actio sich nicht deckten, nach römischem Recht keine Konsumption eintrat, sondern eine sogenannte naturalis obligatio bestehen blieb.[68a])

§. 33.

Die Stellung des Verklagten im Streitverhältniß.

Was vom Kläger gilt, gilt ebenso vom Verklagten. Auch diesem kann nach der vorstehenden Ausführung über das Recht, welches das Streitverhältniß für ihn erzeugt, eine freie Verfügung nicht zustehen, da sein Recht denselben Schranken, wie das klägerische, unterliegt.

Von der Ausübung des, dem Streitverhältniß zu Grunde liegenden,

[68]) cf. Becker a. a. O. S. 98 squ. 293.

[68a]) cf. Becker a. a. O. S. 285 squ.

Rechts kann allerdings bei dem Verklagten nicht die Rede sein. Dieser kann denkbarer Weise das streitig gewordene Recht des Klägers entweder anerkennen oder bestreiten und zwar so, daß er die Thatsachen, aus welchen das streitige Recht oder das Klagerecht als solches hergeleitet wird, in Abrede nimmt oder so, daß er zwar diese zugiebt, aber aus anderen Thatsachen ein Recht für sich gegen das vom Kläger geltend gemachte Recht herleitet — oder er kann endlich gar keine Erklärung abgeben. Macht der Verklagte von dieser letzteren Möglichkeit Gebrauch, so verletzt er die Pflicht, welche ihm das Streitverhältniß auferlegt, und deshalb haben die positiven Gesetzgebungen in einem solchen Falle eine Erklärung des Verklagten fingirt, die eine ein Zugeständniß, die andere ein Bestreiten. Diese Fiktion enthält implicite einen Zwang des Beklagten zu einer Erklärung.

Was nun die beiden anderen Alternativen anbelangt, so enthält die Wahl der einen von beiden, wenn wir den Gesichtspunkt der aus dem Streitverhältniß resultirenden Pflicht der Parteien festhalten, ebensowenig eine freie Verfügung des Beklagten, eine Willkür, sondern die Wahl ist, von dem bezeichneten Gesichtspunkt aus, das nothwendige Ergebniß einer Prüfung der klägerischen Ansprüche. Sind dieselben begründet, dann ist der Verklagte verpflichtet, sie anzuerkennen — sind sie unbegründet, so hat der Verklagte die Pflicht, ihre Unrichtigkeit geltend zu machen.

Die Pflicht zum Anerkenntniß im ersten Falle ergiebt sich ohne Weiteres aus der Verbindlichkeit, eine sachgemäße Feststellung des streitigen Rechts zu ermöglichen. Der Pflicht des Bestreitens und resp. des Geltendmachens der Rechte des Beklagten, welche aus der nämlichen Verbindlichkeit abgeleitet wird, scheint entgegen zu stehen, daß der Verklagte, sowie jeder überhaupt befugt ist zu schenken und zu verzichten, auch das Recht haben müsse, durch Zugeständniß des Klageanspruches resp. durch Unterlassung der Geltendmachung von solchen Einreden, welche die klägerische Forderung ganz oder theilweise beseitigen, eine Schenkung oder eine Verzichtleistung zu erklären, und sonach eine Verfügungsfreiheit zu manifestiren.

Dieser Einwurf trifft jedoch nicht zu. Wer unbegründete Klageansprüche anerkennt und von den Einreden, welche ihm die Gesetzgebung an die Hand gegeben, keinen Gebrauch macht, obwohl die klägerische Forderung unbegründet ist, vereitelt dadurch den Zweck des Prozesses und täuscht den Richter über den wahren Sachverhalt, dessen Feststellung seine Aufgabe ist. Dadurch wird aber die Befugniß: zu schenken und zu verzichten, nicht ausgeschlossen, sondern die gewissenhafte Partei — und eine solche muß bei der wissenschaftlichen Begründung einer Frage des Prozeßsystems ja doch vorausgesetzt werden — hat die Pflicht, falls sie freigebig sein will, es nicht erst zum Prozeß kommen zu lassen, oder, wenn sie dies nicht umgehen könnte, die Erklärung der Schenkung und des Verzichtes auf die Forderung bestimmt auszusprechen. Die Verfügung, welche in diesen Rechtsakten liegt, hat überdies mit dem aus dem Streitverhältnisse hervorgehenden Rechte der Parteien, dessen Gegenstand die Feststellung des streitigen Rechts ist, nichts zu schaffen, sondern sie betrifft Rechte, welche außerhalb des Prozesses liegen und nur durch ihre Wirkung das Streitverhältniß berühren. Wenn der Kläger auf sein Recht verzichtet, so fällt in Folge dessen seine Klage und damit der Prozeß in sich zusammen. Ganz ähnlich liegt die Sache, wenn der Verklagte die Sache oder die Forderung, welche Kläger beansprucht, schenkt. In diesem Falle entäußert sich Verklagter eines ihm zustehenden Vermögensrechts, und die Entäußerung, vorausgesetzt, daß sie Kläger als solche annimmt, hat dann die Erledigung der Klage und des Prozesses zur Folge, da die Annahme einer Schenkung seitens des Klägers die stillschweigende Erklärung desselben enthält, daß ihm eine begründete Forderung gegen den Verklagten nicht zustehe. Auf der anderen Seite involvirt aber die Schenkung seitens des Verklagten ein Bestreiten des klägerischen Rechtes und keinen Verzicht auf Einwendungen, und gerade deshalb ist sie zulässig.

Nimmt der Kläger ein solches Geschenk des Verklagten nicht an, dann hat dieser die Pflicht, sich der Sachlage gemäß zu erklären; unterbleibt dies, dann macht er sich einer Pflichtverletzung schuldig. Die Pflicht zur Geltendmachung der Einwendungen erkennen die Gesetzgebungen dadurch an, daß die Unterlassung ihrer Geltendmachung ihren Verlust für alle Zeit zur Folge hat. Wenn das A. L. R. in §. 382 I. 16 diesen Verlust mit der Fiktion eines Verzichts motivirt, so ist dieser Gesichtspunkt allerdings unrichtig.

Die Stellung der Parteien ist nach Vorstehendem sonach insofern verschieden, als der Kläger zur Klage nicht gezwungen[68a]) werden kann, die Anstellung derselben vielmehr einen Akt seiner freien Verfügung enthält, während der Verklagte durch die Natur des Streitverhältnisses genöthigt ist, sich zu erklären. Daß mit der Eingehung des Streit-

[68a]) Die provocatio ad agendum in ihrer doppelten Gestalt ex lege Diffamari und ex lege Si contendat läßt sich nicht rechtfertigen; Wetzell a. a. O. S. 66 schließt ihre Zulässigkeit übrigens da aus, wo der Provokat „zu klagen nicht im Stande oder nicht veranlaßt ist.“

verhältnisses auch für den Kläger die Freiheit der Verfügung nach der bezeichneten Richtung hin fortfällt, ist schon nachgewiesen worden.

Es ergiebt sich aus diesen Ausführungen zugleich die Unrichtigkeit der Wetzell'schen Ansicht (§. 19 S. 105 a. a. O.), daß das Anerkennen oder Bestreiten der von der anderen Partei behaupteten Thatsachen ein Akt der freien Disposition, und insbesondere das Geständniß eine durch den Verzicht auf den Beweis bewirkte Disposition über das streitige Recht sei, und die Partei nur moralisch durch ihr Gewissen gebunden werde.

Wer eine Handlung unterläßt, deren Ausübung ein Unrecht ist, von dem kann doch unmöglich gesagt werden, daß er auf ein Recht verzichte, so wenig gesagt werden kann von Jemanden, der die physische Möglichkeit hat, einen Anderen zu berauben und den Raub unterläßt, daß er auf die Verübung einer strafbaren Handlung verzichtet habe. In dieser Beziehung bemerkt Brackenhöft a. a. O. S. 51 Note 4 richtig:

> „Man kann rechtlich nicht sagen: es stehe in der Willkür eines
> „jeden, ein Verbrechen zu begehen, wenn er sich den Folgen
> „unterwerfen wolle."

Es bedarf keiner weiteren Ausführung, daß die Grundsätze, welche in Bezug auf die Antwort des Verklagten auf die Klage in der hier in Rede stehenden Frage zur Anwendung kommen, in gleicher Weise von der Erwiderung des Klägers auf die Angaben des Verklagten gelten.

§. 34.

Stellung der Parteien zum Richter.

Bisher ist nur von der einseitigen Stellung der Parteien zum Streitverhältniß die Rede gewesen. Es wurde aus dem letzteren gefolgert, daß weder dem Kläger für sich noch dem Verklagten für sich eine Verfügungsfreiheit zustehe. Es entsteht nun aber die Frage, ob die Parteien gemeinschaftlich eine solche auszuüben vermögen.

Die Gebundenheit jeder einzelnen Partei, soweit eine solche im Vorstehenden festgestellt worden, ergab sich daraus, daß das Recht des Einen zugleich sich als eine Pflicht gegen den Andern darstellt und ein willkürlicher Gebrauch des Rechts daher unmittelbar eine Verletzung der Pflicht gegen die gegnerische Partei involvirt.

Man könnte nun sagen, daß von einer solchen Pflichtverletzung nach der Rechtsparömie volenti non fit iniuria nicht die Rede sein könne, wenn die Parteien sich gegenseitig von Erfüllung ihrer Pflicht entbinden, und daß sonach der übereinstimmende Wille der Parteien die Annahme einer Verfügungsfreiheit derselben im Prozesse rechtfertige.

Eine solche Annahme ist jedoch irrig. Da die Pflichten der Parteien gegen einander mit dem Begriffe des Streitverhältnisses untrennbar zusammenhängen, so würde ein innerer Widerspruch darin liegen, das Streitverhältniß aufrecht zu erhalten und trotzdem die Elemente seines rechtlichen Begriffs zu zerstören. Eine solche Willensäußerung würde einem Vertrage gleichen, worin die Parteien sich Leistungen stipuliren, gleichzeitig aber es von ihrem Belieben wechselseitig abhängen lassen wollen, ob die Leistung erfolge oder nicht. Dieser Vertrag, wie jenes Entbinden von den wechselseitigen Pflichten enthalten ein juridisches Unding. Es ist dabei auch vollkommen gleichgültig, ob man sich von allen einzelnen Verbindlichkeiten, die aus dem Streitverhältniß folgen, oder nur von einer oder der anderen entbindet; denn soweit eben dies Letztere geschieht, wird ein nonsens erzeugt.

Wollen sich die Parteien von ihren Pflichten entbinden, so kann dies nur so und zu dem Zwecke geschehen, daß sie das Streitverhältniß überhaupt aufheben, von der Feststellung des streitigen Rechts Abstand nehmen und sonach den Prozeß beseitigen. Hiezu sind sie befugt; denn der für den Kläger bestehende Zwang bei dem einmal eingegangenen Streitverhältniß zu verharren, beruht auf dem Rechte des Verklagten zu fordern, daß über das streitige Recht eine richterliche Entscheidung erfolge. Dieses Forderungsrecht hat nun zwar regelmäßig nicht in einer freiwilligen Handlung des Beklagten, sondern selbst wieder in einem rechtlichen Zwange, sich auf den Prozeß einzulassen, seine Grundlage. Der Zwang wird aber durch eine freie Handlung des Klägers erzeugt, er fällt also mit der Aufhebung dieser fort. Eine Nöthigung für die Parteien im Prozeßverhältniß bis zu dessen Auflösung durch den Richterspruch zu verharren, liegt nach keiner Richtung hin vor, einerseits weil die Anstellung der Klage, als eine bloße Ausübung des Rechts, das Recht des Klägers nicht absorbirt und ebensowenig dasjenige des Verklagten, wenigstens so lange nicht, als eine richterliche Entscheidung nicht eingetreten ist, — andererseits, weil auch kein Grund für den Richter erfindlich ist, aus welchem er die Parteien zur Fortsetzung des Prozesses sollte zwingen können oder müssen.

In dieser gemeinschaftlichen Aufhebung des Prozesses liegt nun allerdings eine Verfügungsfreiheit, aber keine solche, welche in das Streitverhältniß selbst und unmittelbar eingreift, so wenig wie dies der Fall, wenn der Kläger auf sein zum Gegenstande des Pro-

6*

zesses gemachtes Recht verzichtet — in beiden Fällen wird vielmehr das Streitverhältniß an sich aufgehoben. Die Aufhebung der Verfügungsfreiheit der Parteien gilt eben nur unter der Voraussetzung, daß das Streitverhältniß besteht, grade so wie die Pflichten der Kontrahenten aus dem Kaufvertrage nur unter der Voraussetzung, daß das Rechtsgeschäft selbst rechtliche Wirkung hat, erzwingbar sind. Daß nach ergangenem Urtel die Rücknahme der Klage unstatthaft, hat seinen Grund darin, daß durch dasselbe das Streitverhältniß schon erledigt ist; es fehlt daher an dem Gegenstande der Aufhebung des Prozesses.

Gegen eine Dispositionsbefugniß der Parteien innerhalb des Streitverhältnisses spricht ferner der Umstand, daß die Pflichten, welche den Parteien gegen einander obliegen, zugleich Pflichten gegen den Richter sind, welcher den Streit zu entscheiden hat. Es würden daher Abreden vorliegen, welche bei der mangelnden Einwilligung des Richters ohne rechtlichen Effekt wären. Der Richter aber kann solchen Abreden seinen Konsens nicht ertheilen, weil er sonst seiner vom Staate ihm zugewiesenen Funktion den Boden entziehen würde; denn die Rechte, welche ihm gegen die Parteien zustehen, sind auch seine Obliegenheiten; seine Thätigkeit entspricht nur dann seiner Aufgabe, wenn die Parteien ihrer Pflicht genügen.[69])

Die Richtigkeit, d. h. Sachgemäßheit und Gesetzmäßigkeit seines Urtheils hat ihre unerläßliche Voraussetzung darin, daß die Parteien durch ihre Thätigkeit ihm die richtige Feststellung des streitigen Rechts ermöglichen.

Dispensiren sich die Letzteren von den Verbindlichkeiten, welche diesen Zweck herbeizuführen haben, so kann auch die Thätigkeit des Richters nicht ihrem Zwecke Genüge leisten.

Man pflegt die mangelnde Freiheit des Richters, den Abreden der Parteien über einzelne Prozeßhandlungen beizustimmen, dadurch zu motiviren, daß man auf seine Stellung als eine bloß delegirte, innerhalb deren er sich lediglich an seine Dienstinstruktion zu halten habe, hinweist.[70])

Aber hiedurch wird nicht erklärt, warum der Gesetzgeber dem Richter nicht die Befugniß ertheilen kann, dergleichen Dispositionsakten der Parteien seine Zustimmung zu geben. Der Grund dafür liegt

---

[69]) Brackenhöft a. a. O. §. 142. S. 344. Note 3: „Bei dem Richter ist die Befugniß zugleich Obliegenheit, und er muß sie ausüben".

[70]) Martin a. a. O. (Vorlesungen) S. 86.

eben in dem Zwecke des Streitverhältnisses, welches den Richter nöthigt, auf der Erfüllung der Pflichten, welche die Prozeßobligation für die Parteien erzeugt, zu bestehen. Welches die einzelnen Pflichten seien, die aus der im §. 27 bezeichneten allgemeinen Verbindlichkeit der Parteien entspringen, dies festzusetzen, ist — wie gezeigt worden — die Aufgabe der gesetzlichen Vorschriften über das Verfahren, welche ja vor Allem dem Zwecke zu dienen haben, eine sachgemäße Vorbereitung des Prozeßmaterials durch die streitenden Theile zur Entscheidung und eine sachgemäße Entscheidung selbst zu ermöglichen und sonach aus der Natur des Streitverhältnisses im Wesentlichen abzuleiten sind. Soweit die positiven Vorschriften nicht ausreichen, hat der Richter zur Feststellung der bezeichneten Pflichten, auf die dem Prozeßgesetze zu Grunde liegenden Prinzipien, und da diese der Natur des Streitverhältnisses entsprechen müssen, auf das Wesen des Letzteren selbst zurückzugehen.

Dadurch erhalten alle Handlungen des Richters „den Charakter der gesetzlichen Nothwendigkeit und eben hiedurch den der Gerechtigkeit", was die preußischen Gesetzes-Revisoren (Pens. IV. Th. I. S. 86 sub No. 1) als den Hauptgrundsatz einer neuen Prozeßordnung bezeichnet haben.

Nun kommt allerdings in den Prozeßordnungen der Fall vor, daß in gewissen Beziehungen den Parteien die Befugniß ertheilt ist, einerseits zwischen einzelnen Formen zu wählen, z. B. nach der preuß. A. G. O. von dem Produkten die Leistung des Diffessionseides zu fordern oder den Beweis der Echtheit durch Handschriftenvergleichung anzutreten, oder einen deferirten Eid zu schwören oder sein Gewissen mit Beweis zu vertreten, oder die Eidesleistung von Neuem mit oder unter Umständen vom Mündel zu fordern, — andererseits, gewisse Prozeßhandlungen vorzunehmen oder zu unterlassen, z. B. Rechtsmittel einzulegen, sich eines Stellvertreters oder Assistenten zu bedienen, der Beweisaufnahme beizuwohnen. Dergleichen Befugnisse statuiren aber keine Dispositionsfreiheit der Parteien, sie bezeichnen vielmehr entweder solche Pflichten derselben, deren Beobachtung der Richter nicht zu erzwingen vermag, weil er nicht wissen kann, ob der Fall einer solchen zu erfüllenden Pflicht überhaupt vorliege, und deren Erfüllung deshalb lediglich der Gewissenhaftigkeit der Parteien überlassen bleiben muß — so das Recht zu appelliren, sich eines Stellvertreters oder Assistenten, sich des einen oder andern Beweismittels zu bedienen — oder Handlungen, welche ohne allen Einfluß auf das Streitverhältniß sind und dasselbe nichts angehen, z. B. das Recht, eine Vorstellung versiegelt oder unversiegelt dem Gericht zu überreichen. Es bedarf keiner weiteren Begründung, daß in den letzteren Fällen von einem Rechte überhaupt nicht die Rede sein kann. Eine gute Prozeßordnung muß sich solcher eben bezeichneten Normen überhaupt enthalten — eine Wahl von Formen aber nur dann vorschreiben, wenn jeder ein besonderer vernünftiger Zweck entspricht. Im weiteren Verlaufe dieser Schrift wird auf derartige Befugnisse, etwas zu thun oder zu unterlassen, noch spezieller eingegangen werden.

§. 35.

Begriff der Dispositionsbefugniß.

Die vorstehenden Erörterungen haben sonach zu dem Ergebniß geführt, daß der Begriff einer „Dispositionsbefugniß der Parteien über das Streitobjekt", mag man darunter schlechthin das Recht der Parteien verstehen, Prozeßhandlungen vorzunehmen oder zu unterlassen, oder dem Richter Vorschriften über das einzuschlagende Verfahren zu machen, oder willkürlich unter Nichtbeachtung der gesetzlichen Normen das Verfahren zu gestalten — ein ebenso unklarer als unwissenschaftlicher ist.

Dieser Begriff konfundirt einerseits das Streitverhältniß und das ihm zu Grunde liegende streitige Rechtsverhältniß, andererseits die Begriffe von Recht und Pflicht. Versteht man unter dem „Streitobjekt" das Rechtsverhältniß, so ist damit für den Prozeß kein Prinzip statuirt, abgesehen davon, daß selbst über das streitige Rechtsverhältniß, wie gezeigt worden, nach eingetretenem Prozesse keine volle Verfügungsfreiheit mehr statthaft ist. Ein Sprung aber von dem streitigen Rechtsverhältniß zum Streitverhältniß ist, weil beide Verhältnisse wesentlich verschieden sind, ungerechtfertigt. Versteht man unter dem „Streitobjekt" das Streitverhältniß, so stellt man mit der Behauptung der Dispositionsbefugniß der Parteien über dasselbe eine ganz unmotivirte Ansicht auf, welche nur den Schein einer Berechtigung von der Verwechselung mit dem streitigen Rechtsverhältniß entlehnt.

Das hier gewonnene Resultat scheint paradox zu sein, wenn in Betracht gezogen wird, daß die verschiedenen positiven Gesetzgebungen, sammt und sonders — wenn auch die eine mehr, die andere minder — gewisse Dispositionsakte der Parteien ausdrücklich anerkannt haben.

Die diesseitige Ansicht scheint ihre Probe an der Praxis, resp. an dem praktischen Bedürfniß nicht zu bestehen. Dieser Schein ist aber irrig, wie die nachstehenden Untersuchungen ergeben werden.

§. 36.

Die einzelnen Fälle der Dispositionsbefugniß.

Es werden da vor Allem vielfache Verzichtleistungen der Parteien genannt, so der Verzicht auf „Einreden, Repliken, Dupliken, Beweis- und Gegenbeweisantritt, Produktion der Beweis- und Gegenbeweismittel, Anfechtung von öffentlichen, Diffession von Privaturkunden, Beweiseinreden, Annahme von referirten und Ausschwörung von angenommenen oder auferlegten Eiden“ (cf. Wetzell a. a. O. S. 469), auf Geltendmachung von Nichtigkeiten (cf. §. 292 preuß. Entw.), auf Einlegung von Rechtsmitteln (§. 607 ibid.), auf die Vorlesung der Parteianträge in der Audienz (§. 311. alin. 2), resp. auf Abhaltung eines Audienztermins (§. 20 der preußischen V. O. vom 1. Juni 1833), auf Abhörung vorgeschlagener Zeugen und Gutachter (§. 477 alin. 2 und §. 504 preuß. Entw.), auf ihre Vereidung (§. 471 ibid.), auf Ableistung des Eides von der Gegenpartei (§. 525 ibid.), auf eine vortheilhafte Prozeßart (l. 3. §. ult. Cod. 12. 30; Clem. 2. de V. S. 5. 11. §. 560 preuß. Entw.), auf Fortsetzung des Prozesses (Rücknahme der Klage, §. 174 der hannöverschen Prozeß-Ordn.).

Als einseitige zulässige Dispositionsakte der Parteien werden ferner bezeichnet: das Geständniß, das Recht, Thatsachen und Beweismittel in beliebigen Zeitpunkten vor Erlaß des Urtels anzubringen, (cf. §. 319 pr. Entw.), Vertagung von Terminen und Fristen zu fordern, sich eines Stellvertreters oder Assistenten zu bedienen, oder seine Gerechtsame selbst zu vertreten, Rechtsmittel einzulegen oder dies zu unterlassen, Urkunde über gegnerische Zugeständnisse und Anerkenntnisse zu fordern (§. 314 pr. Entw.), im Verhandlungstermine von früheren Anträgen abzuweichen (§. 313 ibid.) und die Klage zu ändern, der Beweisaufnahme beizuwohnen (§. 409 ibid.), Kontumazialurtheile zu beantragen, eine unerhebliche Thatsache untersucht zu verlangen (I. 23. §. 23 Nr. 3. A. G. O.), die Insinuation gerichtlicher Verordnungen selbst zu besorgen (§. 19. I. 7. A. G. O.), die Beweislast zu übernehmen (l. 14. d. 22. 3, l. 39 pr. D. 40. 12, §. 252. I. 10. A. G. O.) §. 220 hannöv. Pr. Ord.), bei der Eidesleistung von Litiskonsorten oder zwischen dem Vormund und dem Mündel zu wählen (§§. 263. 266. 270. I. 10. A. G. O.), den zu leistenden Eid auf ein quantum minus zu richten (§. 310. I. 10 und §. 25. I. 22. A. G. O.), dem Litisdenunziaten die Prozeßführung zu überlassen (§. 29. I. 7. A. G. O.), sich dem Personal- und Real-Arrest zu unterwerfen (§. 10. I. 29. A. G. O.), einen gemeinschaftlichen Stellvertreter beim Litiskonsortium zu bestimmen (§. 33. hannöv. Prozeßordnung), mehrere Klagen zu vereinigen (§§. 36. 37. I. 1. A. G. O.), Rechtsmittel einzulegen.

Als gemeinschaftliche Dispositionsakte der Parteien werden genannt: die Verabredung eines gewillkürten Gerichtsstandes, von (kürzeren oder längeren) Fristen, von (näheren oder entfernteren) Terminen, über die Höhe der Kaution und über die Bestellung einer solchen überhaupt (§. 139. 1154 pr. Entw.), über Rücknahme und Aenderung der Klage, über zu vernehmende Zeugen und Gutachter (§§. 463—465, 504 pr. Entw.) die Eidesdelation, die Aenderung der Eidesnorm und der Person des Schwörenden (§. 522 pr. Entw.), die Abrede über Leistung des Eides durch einen Mandatar (§. 283 hannöv. Proz. Ordn.), die Relation des Eides nach erfolgter Annahme (§§. 294. 300. I. 10. A. G. O.), die Abrede über materielle Entscheidung in der Berufungs-Instanz (§. 639 preuß. Entw.), die Abrede über Modalitäten der öffentlichen Versteigerung (§. 1059 preuß. Entw.), bei der Sequestration über die Person des Sequesters und anderweite Maßregeln (§. 1157 ibid.), bei der Subhastation (§§. 1204. 1205. 1209 preuß. Entw.), die Abrede beim Kompromiß über die Art des Verfahrens (§. 1370 ibid.), die Wahl des Richters nach älterem römischen und germanischen Recht, die Abrede über die Kompetenz des Richters (nach römischem Recht, vergleiche auch §. 19 hannöversche Prozeß-Ordn.), die Abrede über gerichtliche Verhandlung an einem dies feriatus (im römischen und kanonischen Recht), die sponsiones und stipulationes im altrömischen Prozesse, die litis contestatio im älteren römischen Recht und die Feststellung des status causae nach der A. G. O. des preußischen Rechts, die Abrede über das Liegenlassen des Prozesses (im römischen Recht, cf. wegen der Aussetzung des Prozesses und des Abstandes von demselben auch §§. 168. 174 hannöv. Prozeß-Ordnung), die Vereinbarung einer gleichzeitigen Verhandlung der Hauptsache und über die exceptiones litis finitae und ingressum impedientes (§§. 75a. 79. I. 10. A. G. O.), die Abrede über gleichzeitige Instruktion von dem Grunde und Betrage der Forderung (§. 34. I. 44. A. G. O.), die Abrede über Aussetzung der Instruktion von „speziellen Umständen" erheblicher Thatsachen (III. 3, §. 27. A. G. O.), die Abrede der Uebergehung einer Instanz (Anhang §. 100. zu §. 20. I. 12. A. G. O.), die Vereinbarung, daß der Litisdenunziant aus dem Prozesse ausscheide (§. 30. I. 17. A. G. O.), die Vereinbarung der Immission (§. 119. I. 24. A. G. O, §. 559 hannöv. Prozeß-Ordn.), die Vereinbarung von Maßregeln zum Schutze der zu arrestirenden Sachen (§. 36. I. 29. A. G. O.), die Abrede der Relaxation des Arrestes gegen Erlegung einer Kaution (§. 59. I. 29. A. G. O.), die Abrede über das Fortfallen der mündlichen Verhandlung (§§. 20. 48. der preuß. Verordnung vom 1. Juni 1833), die Abrede über das Vorbringen neuer Beweise nach geschlossener Beweisaufnahme (§. 35 ibid.), die Abrede über die Uebernahme der Beweislast, die Abrede von Beweisaufnahmen vor der mündlichen Verhandlung (§. 11. der preuß. Verordnung vom 21. Juli 1846), die Uebereinkunft der Parteien bezüglich der Vergleichungsstücke bei der Verifikation der Handschriften (Art. 200. 236 des code de procéd.), die Uebereinkunft über den Vollmachtspunkt (e contrario aus §. 74 hannöv. Prozeßordnung), Abrede des Ausschlusses der Oeffentlichkeit (§. 87 ibid.), Abrede eines schriftlichen Vorverfahrens (§. 207 ibid.), Uebereinkunft über Aussetzung der Verhandlung der nicht in's Appellatorium gelangten Punkte bei eingelegter Appellation (§. 411 ibid.), Uebereinkunft über Zulassung der Appellation bei versäumter Frist und nicht appellablem Objekte (e contrario aus §. 416 ibid.)

Endlich wird die Verhandlungsmaxime als eine Folge der Dispositionsbefugniß der Parteien im Prozesse behandelt, wie früher dargelegt worden ist.

Aus diesen Beispielen ergiebt sich die Aufgabe, ihre Berechtigung zu erörtern und, soweit eine solche vorliegt, darzuthun, wie sie mit der hier vertretenen Ansicht, daß eine „Dispositionsbefugniß der Parteien über das Streitobjekt“ nicht anzuerkennen sei, in Einklang zu bringen ist. Einer Vermehrung der Beispiele wird es nicht bedürfen, da die angeführten ausreichenden Anlaß bieten, die hier vertretene Auffassung von der Dispositionsbefugniß nach den verschiedensten Seiten hin zu beleuchten.

§. 37.

Verzichtleistung im Prozeß.

Wie im §. 36 gezeigt worden, wird der Begriff des Verzichts auf die Prozeßhandlungen der Parteien in der mannigfaltigsten Weise angewendet. Der Verzicht enthält das Aufgeben von Rechten der Parteien und damit zugleich eine Dispositionsbefugniß derselben. Auf dem diesseitigen Standpunkte ist aber für den Verzicht auf Prozeßrechte kein Raum, weil den streitenden Theilen nach den voraufgegangenen Erörterungen eine Dispositionsbefugniß über das Streitobjekt nicht zustehen soll, und doch sind viele der als Verzichtleistungen aufgeführten Beispiele allseitig als zuläßig anerkannt.

Es gilt dies in erster Reihe — um mit den gewöhnlichsten Fällen zu beginnen — von dem Erlaß der Ableistung des Parteien-, des Zeugen- und Sachverständigen-Eides, von dem Verzicht auf ein eingelegtes Rechtsmittel, auf Abhörung vorgeschlagener Zeugen und Gutachter, vom Verzicht auf ausgeklagte Forderungen und resp auf angestellte Klagen.

Ueber die Zurücknahme der Klage (Verzicht auf Fortsetzung des Prozesses) und über den Verzicht auf das geltend gemachte Recht überhaupt ist in §§. 30. 34 gesprochen worden.

In diesen Fällen wurde der Verzicht für begründet erklärt. Der Verzicht auf die Forderung, welche Gegenstand des Prozesses geworden, im Gegensatz zur Rücknahme der Klage, gehört dem Bereiche des streitigen Rechtsverhältnisses — nicht des Streitverhältnisses — an und berührt das letztere nur deshalb, weil das Klagerecht ein Accessorium, eine Eigenschaft des Forderungsrechtes selbst ist und sonach mit dem Verzicht auf dieses auch jenes gegenstandslos wird. Es ist zwar festgestellt worden, daß auch das zu Grunde liegende Rechtsverhältniß durch das eingegangene Streitverhältniß insofern affizirt werde, als solche Verfügungen, welche eine Veränderung des streitigen Rechtsverhältnisses oder seines Gegenstandes involviren, ausgeschlossen sind. Allein es waren damit nur solche Verfügungen gemeint (§. 34), welche Aenderungen ohne Aufhebung des Streitverhältnisses bezwecken.

Die Rücknahme der Klage ist als einseitige Verfügung des Klägers bis zur Eingehung des Streitverhältnisses und als gemeinschaftliche der Parteien nach diesem Zeitpunkt als zuläßig befunden worden, weil im ersteren Falle die aus dem Streitverhältniß erwachsenden Pflichten des Klägers noch nicht vorliegen, im letzteren Falle nicht sowohl eine Disposition über den Inhalt des Streitverhältnisses, als eine Beseitigung dieses Verhältnisses in medio ist.

Aus dem nämlichen Grunde ist auch der Vergleich der Parteien — der gerichtliche wie der außergerichtliche — über das streitige Rechtsverhältniß berechtigt, da er nicht in den Inhalt des Streitverhältnisses ändernd eingreift, sondern eine Aufhebung dieses Streitverhältnisses überhaupt bezweckt.

Im weiteren Umfange jedoch, als hier angegeben, kann von einem Verzicht nicht die Rede sein. Die Parteien können weder auf prozessualische Handlungen, die ihnen selbst obliegen, noch auf solche, die von dem Richter zu vollziehen sind, Verzicht leisten.

Wenn daher sonst von Verzichten der Parteien die Rede, so liegt entweder eine wissenschaftlich nicht zu rechtfertigende und deshalb rechtlicher Wirksamkeit entbehrende oder eine solche Willenserklärung vor, die nur fälschlich als Verzicht bezeichnet wird und grade weil sie kein Verzicht ist, rechtlichen Effekt hat.

§. 38.
Fortsetzung.

In die letztgedachte Kategorie fällt zunächst der Erlaß der Ableistung des Parteien- und Zeugen- (resp. Gutachter-Eides) und der Verzicht auf Erhebung angetretener Beweise.

Wer seinem Gegner die Ausschwörung eines Eides erläßt, thut dies — wenigstens regelmäßig — nicht in der versteckten Absicht, seine Rechtsverfolgung, beziehungsweise seinen Anspruch zu Gunsten des andern Theiles aufzugeben, sondern deshalb, weil er annimmt, der Gegner könne und werde den Eid leisten, also weil er die Thatsache, resp. — wie im römischen Recht — das Rechtsverhältniß, welches der Gegner beschwören soll, schon vor der Eidesleistung als richtig zugiebt. Bei einer nach meiner Ueberzeugung richtigen Thatsache kann von dem Erlaß eines Beweises derselben nicht die Rede sein, weil der Beweis lediglich das Mittel ist, die Richtigkeit einer Behauptung festzustellen, derselbe daher bei schon festgestellten Thatsachen gegenstandslos ist. Der Verzicht könnte bei solchen Behauptungen, welche der Gegner des Behauptenden als richtig anerkennt, ohne diesem Anerkenntniß Ausdruck zu geben — nur auf die Möglichkeit des Mißlingens des Beweises gehen; der Gegner des Behauptenden muß dabei als ein solcher gedacht werden, welcher auf den zufälligen Mißerfolg der Beweisaufnahme spekuliren könnte, aber, indem er verzichtet, sich dieses Vortheiles begiebt. Eine solche Möglichkeit läge beim abzuleistenden Eide darin, daß der Schwurpflichtige aus religiöser Skrupulösität sich zu einem Schwure nicht entschließen könnte, wie es dergleichen Personen in der That giebt, oder daß der Schwurpflichtige, wenn er z. B. krank darnieder liegt, vor der Eidesleistung versterben könne. Es bedarf indessen wohl keiner ernstlichen Erörterung, daß das Spekuliren auf solche Möglichkeiten unsittlich ist und deshalb auch vom Rechtsstandpunkte aus weder gebilligt noch berücksichtigt werden kann. Wem eine Thatsache als wahr gilt, der hat die Pflicht sie zuzugeben, und darf es auf den mehr oder minder zufälligen Ausgang einer Beweisaufnahme nicht ankommen lassen; diese Pflicht folgt aus der Verbindlichkeit, welche das eingegangene Streitverhältniß den Parteien auferlegt, da — wie gezeigt — dieselben die Pflicht haben, eine gerechte Entscheidung des Richters zu ermöglichen. Wer von einem Verzichte in einem solchen Falle spricht, macht die vom Gesetze angeordnete Form zu einem Selbstzweck, die Form des Verfahrens hat aber immer nur dem Inhalte zu dienen, welchen der Gesetzgeber dabei als selbstverständlich vorausgesetzt hat. Wo dieser Inhalt fehlt, da ist für die Form kein Raum.

Dem Erlaß des Parteieneides analog ist der Verzicht auf die Ableistung des Zeugen- und Gutachtereides.

Wir setzen zunächst den Fall, daß die Abnahme des Eides nach der Vernehmung erfolgt, wie dies nach der Allgem. Ger.-Ordnung in Preußen der Fall ist.

Wer darauf anträgt, daß die Vereidung des Zeugen oder Sachverständigen unterbleibe, erklärt damit, daß er die Thatsachen, welche in der Aussage des zu Vereidenden enthalten sind, als wahr zugiebt, und es deshalb für ihn der Ergänzung des Beweises, welcher in der Vereidung liegt, nicht bedarf. Wenn ich dem Zeugen, ohne daß er seine Aussage beschwört, glaube — so verzichte ich nicht auf seine Vereidung, da ein Recht, welches ich dabei aufgebe, nicht denkbar ist, es müßte denn grade das schon oben erwähnte Recht, auf die Nichtableistung des Eides zu spekuliren oder das Recht, die Wahrheit nicht einzugestehen, sein. Daß von solchen Rechten nicht die Rede sein kann, ist schon ausreichend erörtert worden.

Es ist eine höchst bedauerliche Auffassung, Jemanden das Recht einzuräumen, mit der Wahrheit zurückzuhalten; mit einer solchen Ansicht leistet die Gesetzgebung nur dem Lug und Trug Vorschub.

Die Motive zum pr. Entwurf deuten S. 109 auf den Widerspruch hin, welcher in diesem Verzichte zum Grundsatze „probatio fit iudici" liege; sie versuchen ihn aber nicht zu lösen. Freilich ist der Widerspruch unlösbar, wenn man am Begriffe des Verzichtes festhält. Folgt man der diesseitigen Auffassung, so liegt — unter der Voraussetzung, daß die Abnahme des Eides nach der Vernehmung erfolgt — ein Widerspruch nicht vor, da die probatio sich selbstredend nur auf streitige, nicht aber auf zugestandene, also unstreitige resp. unstreitig gewordene Behauptungen bezieht.

Man könnte einwenden: die hier geltend gemachte Auffassung scheitere daran, daß der Erlaß des Eides nicht unbedingt in einem Zugeständniß der zu beschwörenden Behauptung seinen Grund habe, sondern auch trotz der nach wie vor von dem Erlassenden angenommenen Unrichtigkeit der Behauptung erfolgen könne — in welchem

Falle man sich durch den Erlaß der „Vortheile“ begebe, welche die Feststellung der Unrichtigkeit der zu beschwörenden Behauptung für den Erlassenden zur Folge gehabt haben würde.

Ein solcher Standpunkt ist jedoch ungerechtfertigt. Wenn die Parteien die Pflicht haben, eine der Sache entsprechende richterliche Entscheidung zu ermöglichen, so verletzen sie diese Pflicht ebenso, wenn sie unwahre Thatsachen resp. solche, welche sie für unwahr halten, als wahre fingiren, wie wenn sie Thatsachen, deren Richtigkeit sie wissen, bestreiten und es auf den zufälligen Ausgang der Beweisaufnahme ankommen lassen. Die Parteien haben die Pflicht, sowohl der Mittel zur Feststellung streitiger Thatsachen sich zu bedienen, als auch umgekehrt diesen Mitteln freien Lauf zu lassen. Thun sie dies nicht, dann fälschen sie die wahre Sachlage und bringen den Richter in die Lage, ein der Wahrheit nicht entsprechendes Urtheil zu fällen; sie setzen sich deshalb mit dem Zwecke und Inhalte des Streitverhältnisses in Widerspruch. Sie haben sonach nicht das Recht, sich der erwähnten „Vortheile“ zu begeben. Man kann hiergegen nicht geltend machen, daß es im Prozesse sich ja überhaupt nur um Vermögensvortheile handle und nicht abzusehen sei, weshalb die Parteien, wie sie überhaupt auf Vortheile verzichten können, dies nicht auch in Bezug auf die Entwickelung der Entscheidung sollten thun dürfen. Diese Schlußfolgerung ist nicht berechtigt, weil dabei übersehen wird, daß die Parteien durch Eingehung des Streitverhältnisses sich gerade in Bezug auf dasselbe der Verfügungsfreiheit und damit auch der Freiheit, zu verzichten, begeben haben — in ähnlicher Weise, wie dies geschieht, wenn ich eine verschuldete Erbschaft ohne Vorbehalt annehme und damit die Pflichten eines Erben auf mich lade, obwohl ich befugt gewesen wäre, die Erbschaft auszuschlagen. Der Umstand, daß die Eingehung des Streitverhältnisses regelmäßig nicht freiwillig erfolgt, sondern durch eine gesetzliche Nothwendigkeit, ändert nichts, das Streitverhältniß besteht einmal als solches mit seinem Begriffe und seinen Folgen.

Es läßt sich ferner denken, daß der Erlaß des Zeugen- und namentlich des Gutachtereides erfolgt, nicht, weil man objektiv das Ausgesagte für richtig hält, sondern weil man überzeugt ist, daß der Aussagende von seinem subjektiven Standpunkte das Richtige ausgesagt zu haben glaubt, daß er also nach seinem besten Wissen seine Aussage eingerichtet habe. Das Motiv für den Verzicht ist alsdann lediglich die Annahme der Gewissenhaftigkeit des Aussagenden, wenn auch die Aussage selbst für unrichtig gehalten wird. Der Verzichtende erklärt damit: ich bin überzeugt, daß auch die Ableistung des Eides den Aussagenden zu keiner anderen Deposition bestimmen wird, wenn ich auch dabei beharre, daß die abgegebene Aussage unrichtig ist. Ein solcher — resp. so vor dem Richter motivirter Verzicht ist jedoch nicht zu berücksichtigen, weil die Partei in einem solchen Falle einen unberechtigten Einfluß auf die spruchrichterliche Thätigkeit übt, von welcher die Prüfung der Beweismittel und insbesondere ihrer Beweiskraft nicht getrennt werden kann. Die Partei kann wohl ihre Bedenken gegen die Glaubwürdigkeit eines Zeugen oder Gutachters erklären und sie der richterlichen Prüfung unterbreiten. Sie kann aber nicht dem Richter vorschreiben, daß er die eine Aussage für glaubwürdig, die andere für unglaubwürdig halten solle. Sie würde sich dadurch zum Richter in der eigenen Sache erheben, was offenbar ihren aus dem Streitverhältniß entspringenden Pflichten zuwider wäre. Der Richter würde deshalb in einem solchen Falle genöthigt sein, den Aussagenden zu vereiden. Er kann die Vereidung nur dann unterlassen und muß es zugleich, wenn die Verzichterklärung der Partei von ihm als ein Zugeständniß der Aussage zu erachten ist.

Ist dagegen der Zeugen- oder Gutachtereid ein promissorischer, wie der pr. Prozeß-Entwurf will (§. 471) und dies im gemeinen Recht der Fall ist

— l. 9. Cod. IV. 20, Nov. 123 c. 7, §. 37. c. 3, C. IV qu. 2 et 3, R. G. O. v. 1555, I. 77 u. Conc. v. 1613, I. 95 —

enthält also der Eid nur das Versprechen, die Wahrheit zu sagen, dann läßt sich ein Verzicht der Parteien auf diesen Eid nicht rechtfertigen. Denn dies Versprechen erklärt einerseits der Zeuge und Gutachter nicht den Parteien, sondern dem Richter. Der Letztere nimmt andererseits die Vereidung vor, um die Zeugen von einer falschen Aussage abzuhalten; der Eid, den sie schwören, soll für sie eine Mahnung sein, die Wahrheit zu sagen.

iuris iurandi religione testes, priusquam perhibeant testimonium, iamdudum *arctari* praecepimus l. 9. C. 4. 20.

Diese Thätigkeit des Richters zielt sonach darauf hin, die Zeugen zur Gewissenhaftigkeit anzuhalten, und hat ihren letzten Zweck darin, Aussagen zu erlangen, welche die Basis einer gerechten, sachgemäßen Entscheidung zu bilden geeignet sind. Die Parteien können daher nicht für befugt erachtet werden, dem Richter vorzuschreiben, daß er diese Mahnung und Vorbereitung der Zeugen zur Abgabe einer gewissenhaften Aussage unterlasse; es würde dies ein Eingriff in die spruchrichterliche Thätigkeit sein. Ein solcher Verzicht würde, als die stillschweigende Erklärung der Parteien, daß sie den Zeugen für gewissenhaft genug halten, auch wenn er nicht erst durch den Eid zur Gewissenhaftigkeit angehalten werde, ein **Urtheil** über die Glaubwürdigkeit des Zeugen involviren, welches dem Richter — der doch selbstständig diese Eigenschaft zu prüfen hat — aufgedrungen würde.

Ein solches Urtheil erscheint um so weniger berechtigt, als dem **Richter** selbst nicht das Recht eingeräumt wird, **deshalb** von der Vereidung Abstand zu nehmen, weil er den zu Vernehmenden schon ohnehin für glaubwürdig hält.

Der Verzicht auf Abnahme des Zeugen- und Gutachter-Eides ist daher nur gerechtfertigt, wenn die Vereidung auf die abgegebene Aussage **folgt**.

§. 39.

Fortsetzung.

Im §. 36 ist eine Reihe noch anderer, sogenannter Verzichtleistungen im Prozesse erwähnt worden, welche sich zurückführen lassen auf den Verzicht in Bezug auf die Rechtsverfolgung (auf die vortheilhaftere Prozeßart und die Fortsetzung des Prozesses), auf die Vertheidigung (durch Behauptungen und Beweise) und auf die Ausübung und Anfechtung richterlicher Handlungen.

Von der ersten Kategorie ist schon (§. 30) die Rede gewesen.

Der zweiten Kategorie gehört der Verzicht auf Einreden, Repliken, Beweisantritt und Aufnahme des angetretenen Beweises an.

Nach den vorausgegangenen Erörterungen kann es keinem Bedenken unterliegen, daß dergleichen Verzichtleistungen unzulässig sind. Haben die Parteien, wie gezeigt, die Pflicht, eine der Sachlage entsprechende Entscheidung zu ermöglichen, so müssen sie auch diejenigen Thatsachen und Beweise vorbringen, welche zur Aufklärung des Thatbestandes und zur Entscheidung der Rechtsfrage nach der Ueberzeugung eines redlichen und gewissenhaften Mannes beizutragen geeignet sind. Es versteht sich hiernach schon von selbst, daß Einreden, welche lediglich zur Verschleppung der Sache und zur Chikane im einzelnen Falle dienen könnten, von der Partei weder vorgebracht zu werden brauchen, noch dürfen. Wenn der Verklagte von dergleichen Einreden keinen Gebrauch macht, so erfüllt er nur seine Pflicht, er verzichtet aber auf kein Recht, weil die Unterlassung einer Pflichtverletzung nicht als ein Recht erachtet werden kann. (§. 33 i. f.)

Wer auf Abhörung von laudirten Zeugen, auf Vorlegung allegirter Urkunden, auf Ausschwörung angetragener Eide verzichtet, ist zu einer solchen Erklärung nur dann berechtigt, wenn er der Ueberzeugung ist, daß die laudirten Beweismittel ohne Resultat bleiben werden und resp. daß die vom Gegner zu beschwörende Thatsache richtig, oder das von ihm selbst zu beschwörende Gegentheil unrichtig ist. In dem einen wie in dem andern Falle ist aber alsdann von dem Aufgeben eines Rechts nicht die Rede, und die Zulässigkeit der Erklärung liegt nicht im Verzichte, sondern im Zugeständniß einer Thatsache. Der beregte Verzicht ist dagegen unstatthaft, wenn der Erklärende eine solche Ueberzeugung nicht hat.

Zur dritten Kategorie ist der Verzicht auf die Ausübung und Anfechtung richterlicher Handlungen zu rechnen.

Eine Erklärung der ersteren Art liegt in dem Verzichte auf Abhaltung des Termins zur mündlichen Verhandlung oder auf Vorlesung der Partei-Anträge.

Vorausgesetzt, daß eine Gesetzgebung das Prinzip der mündlichen Verhandlung strikte durchzuführen nicht für angemessen befunden hat, wird der Gesetzgeber eine Erklärung der Parteien, daß sie ihren beiderseitigen Anführungen nichts hinzuzufügen haben und sie eines Termins zur mündlichen Verhandlung nach dieser Richtung hin nicht bedürfen, Wirksamkeit beilegen können. Es liegt aber in einer solchen Erklärung wiederum kein Verzicht, weil alsdann der Gesetzgeber einen solchen Termin nur für den Fall des Bedürfnisses zugelassen hat und die Parteien, bei dem Mangel eines solchen Bedürfnisses, kein Recht aufgeben. Der §. 20 der preuß. Verordnung vom 1. Juni 1833 bestimmte in dieser Beziehung unter Vermeidung des Wortes „Verzicht" das im §. 11 der Verordnung vom 21. Juli 1846 gebraucht ist:

> „Sind die Parteien nach erfolgter Klagebeantwortung darüber einig, daß die mündliche Verhandlung vor dem erkennenden Gerichte entbehrt werden kann, so sind die Akten sofort zum Spruch vorzulegen,"

ebenso §. 48 ibidem:

> „Haben beide Parteien darauf angetragen, daß die Sache ohne mündliche Verhandlung vor dem Appellationsrichter entschieden werde, so wird ohne Weiteres auf schriftlichen Vortrag das Erkenntniß abgefaßt."

Aehnlich verhält es sich mit dem im preußischen Preßgesetzentwurf (§. 311 alin. 2) erwähnten Verzichte auf Vorlesung der Parteienanträge. Der Entwurf geht davon aus, daß die letzteren den Parteien durch gegenseitige Mittheilung schon bekannt geworden sind, und hält deshalb die Verlesung in der Audienz für entbehrlich. Der Verzicht auf dieselbe beruht daher auf der Parteierklärung, daß die Anträge ihnen bekannt sind und ihre wiederholte Verlesung unnütz sei, und ist deshalb in Wahrheit nicht das Aufgeben eines Rechts, weil für die Existenz eines solchen ein wirklicher Inhalt fehlt.

Der Verzicht auf Einlegung von Rechtsmitteln und Geltendmachung von Nichtigkeiten (cf. §§. 292. 607 des preuß. Entwurfs), also auf eine Anfechtung richterlicher Handlungen und resp. (cf. Motive zum §. 292) Handlungen nicht richterlicher Beamten — ist nur dann motivirt, wenn der Verzichtende sich zugestehen muß, daß die Rüge der Nichtigkeit für die materielle Entscheidung der Sache irrelevant sei, beziehungsweise die Anfechtung kein anderes Resultat herbeiführen werde und könne. Dazu gehört namentlich auch der Fall, wenn eine Entscheidung wegen einer voraufgegangenen Nichtigkeit sich zwar für eine formale Anfechtung eignet, in der Sache selbst aber begründet ist. Denn die Form soll nur ein Mittel zur Verwirklichung der Gerechtigkeit und nicht ihres Gegentheils sein. Ist nun aber die Resultatlosigkeit der Anfechtung vorauszusehen, dann giebt der dieselbe Unterlassende oder die Unterlassung Erklärende kein Recht auf. Umgekehrt wird der Verzicht den aus dem Streitverhältniß resultirenden Pflichten entgegenstehen und also unzulässig sein, wenn die Rüge der Nichtigkeit, beziehungsweise die Anfechtung durch Rechtsmittel eine andere Entscheidung herbeizuführen geeignet ist. Denn die Gesetzgebungen haben den Instanzenzug eingeführt, um der Gerechtigkeit einen möglichst adäquaten Ausdruck zu verschaffen, und deßhalb Irrthümer und Versehen der Parteien oder des Richters in gewissen möglichen Grenzen zu beseitigen. Da die Herstellung gerechter Ansprüche im öffentlichen Interesse liegt, so gewiß dies in Bezug auf die Rechtspflege überhaupt der Fall ist, so sind Verzichtleistungen, welche die Möglichkeit gerechter Richtersprüche unmöglich machen, immer gegen das öffentliche Interesse gerichtet. Es ist daher nicht zu billigen, wenn §. 292 alin. 2 des preußischen Entwurfs Verzichtleistungen nur insofern ausschließt, als sie — denn dies ist nach den Motiven S. 61 der Sinn — unmittelbar das öffentliche Interesse verletzen.

Das Interesse an der Wahrheit würde konsequent — dem Anscheine nach — dahin führen, daß auch demjenigen Theil, welcher ein obsiegliches Urtel erstritten hat, das Recht und die Pflicht zustehen müßte, dagegen Rechtsmittel einzulegen, wenn die Entscheidung unrichtig ist. Eine solche Annahme wäre jedoch irrig, weil es demjenigen Theile, welcher eine zu seinen Gunsten ergangene Entscheidung für unrichtig erachtet, immer noch unbenommen ist, dem unterlegenen Gegner das bestrittene Recht einzuräumen, und der Zweck des gerichtlichen Verfahrens darin besteht, bestrittene oder doch unerfüllte Ansprüche zwangsweise unstreitig zu machen, beziehungsweise zur Erfüllung zu bringen. Wer übrigens durch das Verfahren in einer Instanz zu der Ueberzeugung gelangt ist, daß seine Anträge unbegründet sind, hat vom Standpunkte der Wahrheit und Gewissenhaftigkeit aus die Pflicht, die gegnerischerseits geltend gemachte Forderung, noch ehe es zur richterlichen Entscheidung kommt, anzuerkennen und nicht die letztere erst abzuwarten. Wer erst nachher von seinem Unrecht sich überzeugt, braucht aber offenbar, um es zu beseitigen, nicht erst einen neuen Richterspruch herbeizuführen, und darf es auch nicht, weil das Anerkenntniß die Voraussetzung eines weiteren gerichtlichen Verfahrens ausschließt.

So hat sich denn ergeben, daß die sogenannten Verzichtleistungen als solche sich rechtswissenschaftlich nicht begründen lassen, und daß sie vielmehr, soweit sie zulässig erscheinen, als das Geständniß von Thatsachen und respective als das Anerkenntniß von Forderungen sich rechtlich qualifiziren.

§. 40.
Das Geständniß.

Als einseitige Dispositionsakte der Parteien sind im §. 36 ferner noch eine große Anzahl von Parteihandlungen aufgeführt worden.

Hierher gehört vor Allem das Geständniß. Es ist schon (§. 33) bemerkt worden, daß dasselbe nicht als eine durch Verzicht auf Beweis bewirkte Disposition über das streitige Recht erachtet werden könne, weil vom Standpunkte der Pflicht aus, welche sich aus dem Streitverhältnisse für die Parteien ergiebt, es ebenso unzulässig ist, das Richtige zu bestreiten, als das Unrichtige zuzugestehen.

Wäre das Geständniß ein zulässiger Dispositionsakt, so würde der Richter genöthigt sein, dasselbe auch dann zu berücksichtigen, wenn eine Thatsache für ihn sich als unwahr schon ergeben hat; eine solche Annahme wäre aber entschieden unberechtigt. In dieser Beziehung bemerkt v. Daniels (Handbuch der preußischen Civilrechtspflege, 1839, I. Bd. S. 417) richtig:

> „Die Pflicht des Richters, die Wahrheit der faktischen Voraussetzungen seines Urtheils zu prüfen, folgt hieraus so unbedingt, daß er auch durch die Uebereinkunft der Parteien nicht ermächtigt wird, eine für ihn als unwahr feststehende Thatsache als wahr zur Grundlage seines Richterspruchs zu nehmen."

So legt auch das römische Recht Geständnissen, die absichtlich gegen die Wahrheit verstoßen, keine Wirkung bei.

l. 5. §. 7. D. 24. 1. Si uxor vel maritus exceptione quadam donationis causa summoveri velint, facta a iudice absolutione valebit quidem sententia, sed condicetur ei, cui donatum est. l. 1. §. 7. D. 38. 5. Quid si in lite vinci *voluit?* Si quidem condemnatus est *data opera* vel in iure *confessus*, Favianam locum habere.

Das Nämliche ergiebt sich aus dem Grundsatze:

falsae confessiones naturalibus convenire debere (l. 13. Dig. 11. 2) oder (wie er in l. 14. §. 1. h. t. lautet) In totum autem confessiones ita ratae sunt, si id, quod in confessionem venit, *et ius et naturam recipere potest.*

Der Umstand, daß der Richter größtentheils außer Stande ist, das Zugeständniß unrichtiger Behauptungen als solches zu erkennen und der Bereich seiner Prüfung der Thatsachen regelmäßig an den zugestandenen Behauptungen seine Grenze haben muß, kann nicht zu der Auffassung des Geständnisses als eines Dispositionsaktes berechtigen. Die Abgabe unrichtiger Zugeständnisse ist eine unberechtigte Willkür, aber kein Recht — die Abgabe richtiger Zugeständnisse eine Pflicht, aber gleichfalls kein Recht. Eine Ausschließung der Zulässigkeit des Geständnisses ist schlechterdings unmöglich, weil sonst Alles für bestritten gelten müßte und die Prozesse mehr der Chikane, als der Gerechtigkeit Vorschub leisten würden.

Die Gesetzgebung kann daher falschen Zugeständnissen nicht überall in den Weg treten. Die Gesetzgeber haben deshalb nur darauf Bedacht nehmen können, in gewissen Fällen, wo das öffentliche Interesse ganz besonders gefährdet ist, einer derartigen Beeinträchtigung der Wahrheit vorzubeugen. Die actio Pauliana und actio Faviana verfolgten diesen Zweck (l. 1. §. 7. D. 38, 5. und l. 3. §. 1 D. 42. 8; vgl. auch c. 5. X. IV 13. c. 7. X. II 17), im preußischen Recht ist dem Geständniß in Ehescheidungssachen (§. 40. Verordnung vom 28. Juni 1844) keine Wirksamkeit beigelegt und bezüglich der Geständnisse des Gemeinschuldners (§. 103. Nr. 5. Konkursordnung) und desjenigen Schuldners, dessen Vermögensinsufficienz nachweisbar ist (§. 7. Nr. 5. Gesetz vom 9. Mai 1855), besteht das Recht der Anfechtung.

Es möchte sich empfehlen, die unbedingte Wirksamkeit des Geständnisses auch in anderen Fällen zu beschränken. Der preußische Entwurf thut dies im §. 367. nach dem Vorbilde des Art. 150 des Code de procédure civile: „si elles se trouvent justes et bien vérifiées“ — indirekt bezüglich der Kontumazialurtheile:

„Wenn jedoch die Richtigkeit der in der Klage, oder in der Sitzung vorgetragenen Thatsachen dem Gericht ganz oder zum Theil bedenklich erscheint, so ist dasselbe befugt, den Kläger zur Beweisantretung aufzufordern.“

Diese Bestimmung giebt in hohem Grade zu Bedenken Anlaß; sie führt in ihrer Konsequenz dahin, jedes Geständniß — auch das wirklich ausgesprochene — von der Prüfung des Richters abhängig zu machen. Damit würde aber über den Zweck des Prozesses, das Streitige festzustellen, hinausgegriffen, die Gefahr weitläuftiger Beweisaufnahmen und damit zugleich die Verlängerung der Prozesse heraufbeschworen, dem Richter überdies indirekt das Recht eingeräumt und die Pflicht auferlegt, auch den durch Privatbeziehungen ihm etwa bekannt gewordenen Charakter der Parteien in Rücksicht zu ziehen, und damit wiederum die nothwendige Unbefangenheit und Objektivität des Richters in bedenklicher Weise gefährdet werden. Die Motive zum preußischen Entwurf (S. 81) rechtfertigen diese Bestimmung durch die Möglichkeit,

daß das Ausbleiben des Verklagten erfolgt sein könne, weil er die Ladung nicht erhalten habe, obschon sie ordnungsmäßig erfolgt sei, oder am Erscheinen durch äußere Umstände gehindert worden sei.

Die Bestimmung des §. 367 geht aber weit über diesen Grund hinaus, da sie die Kontumazial-Entscheidung nicht eintreten läßt, wenn dem Richter — wie man nach diesen Gründen erwarten müßte — die Annahme des Ungehorsams des Nichterschienenen bedenklich, sondern wenn er an der Richtigkeit der in der Klage oder in der Sitzung vorgetragenen Thatsachen zweifelt. Der Code de procédure hat im Art. 21. jenen Fall besonders berücksichtigt. Wenn es im Uebrigen richtig ist — wie die Motive S. 81 hervorheben —, daß die rheinischen Gerichte nur selten eine Beweisaufnahme statt der sofortigen Kontumazial-Entscheidung eintreten lassen, so liegt um so weniger Anlaß zu einer Bestimmung mit dem Inhalte des §. 367. vor.

Dagegen wäre es gerechtfertigt, die Wirksamkeit des Geständnisses, wie bei Ehesachen in allen Prozessen, in welchen das Judikat nicht bloß die Prozeßführenden obligirt, zu beschränken, also zunächst:

1) in solchen Prozessen, welche den persönlichen Zustand (status) einer Person betreffen, weil hier das Judikat »ius facit inter omnes«,

vorausgesetzt, daß die quaestio status mit einem rechtlich dabei betheiligten Gegner (cum iusto contradictore l. 3. D. 40, 16) ausgemacht worden ist.

Nach v. Savigny (System des heutigen römischen Rechts Bd. 6. S. 472) und v. Bethmann-Hollweg (der römische Civilprozeß Bd. II. S. 333. 337. 340. 342) gilt diese weitgreifende Wirkung des Judikats für das römische und gemeine Recht nur bei dem Streit um die eheliche Geburt und die davon abhängende väterliche Gewalt, den der Vater geführt hat, und bei dem Streit über den Zustand eines Freigeborenen zwischen ihm und dem wirklichen Patron, oder dem einzigen Prätendenten des Patronats, resp. (nach v. Bethmann l. c.) bei dem Streit für oder gegen die Freiheit einer Person überhaupt. v. Bayer (Vorträge über den Civilprozeß) scheint nach den Worten: „namentlich wird in dieser Hinsicht der Fall hervorgehoben" diese Fälle nur als Beispiele anzusehen (§. 141. S. 455).

Für das preußische Recht wird jedoch von der Rechtswissenschaft und Praxis dieser Grundsatz bei Statussachen als allgemein gültig angenommen.[71])

Das römische Recht setzte als Bedingungen der allgemeinen Wirksamkeit des praeiudicium in den angeführten Fällen: daß der Streit mit einem iustus contradictor geführt werde, daß das Urtel kein Kontumazialurtel sei und keine Kollusion unter den Parteien zum Grunde liege.

l. 3. Dig. 40, 16. und besonders l. 27. §. 1. Dig. 40, 12. l. 24. D. 4, 3.

Bei der Entscheidung durch Eid war mit Bezug auf den künftigen Rechtsstreit dritter Personen vorgeschrieben: *veritatem esse* quaerendum quia iusiurandum alteri neque prodest neque nocet l. 3. §. 3. D. 12. 2. im Gegensatz zu der Rechtsregel res iudicata pro veritate *accipitur*.[72])

Diese Vorschriften weisen darauf hin, daß auch das römische Recht es für bedenklich erachtet hat, daß durch das Geständniß der Parteien die Rechte Dritter bestimmt würden.

---

[71]) Koch, Lehrbuch des preußischen gemeinen Privatrechts Bd. I. S. 383 — Gräwell, praktischer Kommentar zur Allgemeinen Gerichtsordnung Bd. I. S. 146 — Förster, Klage und Einrede S. 185. („sie rechtfertigt sich aus der Natur der Rechtszustandsklage und stimmt mit dem gemeinen Recht überein"), besonders auch Erk. des Königl. Ober-Tribunals vom 8. Februar 1856 (Justizministerialblatt pro 1856 S. 96. 97) in den Worten: „weil Erkenntnisse über den Status einer Person auch dritten Personen gegenüber wirksam sind."

[72]) v. Savigny a. a. O. Note n.

Es möchte sich deshalb als ein angemessenes Korrektiv empfehlen, dem Richter in Statussachen die Prüfung des Geständnisses anheimzustellen und ihn, wenn dasselbe ihm bedenklich erscheint, zur Beweiserhebung zu ermächtigen.

2) Das Nämliche würde zu gelten haben in denjenigen Rechtsstreitigkeiten, welchen ein Repräsentationsverhältniß zu Grunde liegt, jedoch nur dann, wenn der Repräsentirte aus gesetzlichen Gründen sein Recht nicht selbst wahrnehmen kann, und das Repräsentationsverhältniß durch die Vorträge der Parteien manifestirt ist, so wenn der Vormund statt des Bevormundeten, der Vater Namens des Sohnes oder der Ehefrau, der Vorsteher Namens der Korporation, der Konkursverwalter Namens der Gläubigerschaft als Partei auftritt; kann der Repräsentirte sein Recht selbst wahrnehmen, so liegt kein Anlaß für den Gesetzgeber vor, für den bei dem Prozesse sich nicht Betheiligenden besondere Sorge zu tragen. Ich verstehe hier unter dem Repräsentationsverhältniß nicht bloß die gesetzliche Vertretung der einen Person durch die andere, sondern auch die Fälle, in denen gewisse Rechte und Pflichten des Einen gesetzlich durch die Rechte und Pflichten des Andern betroffen und bestimmt werden, wie dies der Fall ist bei dem Verhältniß zwischen Erben und Legatar (l. 50. §. 1. D. 30. un., l. 3. pr. D. 20. 1, l. 12. pr. §. 2. C. 3. 31. l. 14. §. 1. D. 49. 1. und §§. 298. 299. I. 12. Allgemeinen Landrechts), zwischen Vasall und Lehnsherrn (II. feud. 43 und §. 258. I. 18. Allgemeinen Landrechts), zwischen Fideikommißbesitzer und der zum Fideikommiß berechtigten ganzen Familie (§§. 117—119. I. 4. Allgemeines Landrecht), zwischen Nießbraucher und Eigenthümer (§§. 92. 226. I. 21. Allgemeines Landrecht), zwischen Miteigenthümern, wenn nur der eine condominus Partei gewesen (l. 4. §. 3. und 4. und l. 19. D. 8. 5. l. 1. §. 5. D. 43. 29. und für das preußische Recht vgl. §§. 7. und 9. I. 24. der Allgemeinen Gerichtsordnung, §§. 7. und 10. I. 19. des Allgemeinen Landrechts), zwischen Litisdenunzianten und dem nicht erschienenen Litisdenunziaten (§. 33. I. 17. der Allgemeinen Gerichtsordnung). In allen angeführten Fällen kann Derjenige, dessen Rechte durch den als Partei auftretenden Andern tangirt werden, seine Gerechtsame selbst wahrnehmen.

cf. v. Savigny l. c., v. Bayer, Vorträge über den gemeinen ordentlichen Civilprozeß S. 455—457. squ., Förster a. a. O. S. 181—185., Grävell l. c. S. 147.

Der Gesetzgeber wird freilich dafür zu sorgen haben, daß dem eventuell Verpflichteten der schwebende Prozeß bekannt werde.

Die Einschränkung, daß das Repräsentationsverhältniß offenbar sein muß, ist deshalb nöthig, weil sonst der Richter wegen der immer vorliegenden bloßen Möglichkeit einer solchen Rechtsbeziehung in allen Fällen dem Geständniß nur beschränkte Bedeutung geben könnte; diese Ausdehnung der Einschränkung soll aber nach dem oben Gesagten vermieden werden.

3) Ferner würde die erwähnte Einschränkung der Wirkung des Geständnisses in allen denjenigen Fällen Platz greifen müssen, wo der Civilrichter in der That Strafrichter ist und nur in den Formen des Civilprozesses entscheidet, da auch der Strafrichter an ein Geständniß nicht gebunden ist (§. 136. der preußischen Kriminalordnung und §. 22. der Verordnung vom 3. Januar 1849).

Dies gilt namentlich für den Injurienprozeß, aber nicht bei dem Rechtsstreit über eine Konventionalstrafe und Wandelpön, weil diese die vertragsmäßige Festsetzung des Interesses der Nichterfüllung, oder nicht gehörigen Erfüllung (§§. 292. 312. I. 5. Allgemeines Landr. l. 28. 47. D. 19. I.) eines Rechtsgeschäfts betreffen, und selbst wenn die Strafe neben dem Interesse gefordert werden kann (l. 16. Dig. 2. 15. und l. 115. §. 2. D. 45. 1.), handelt es sich dabei doch immer nur um den vermögensrechtlichen Vortheil eines der Kontrahenten.

Ebenso würde da, wo aus einer strafbaren Handlung vermögensrechtliche Ansprüche hergeleitet werden, dieselbe Einschränkung Platz greifen müssen, weil das Geständniß einer strafbaren Handlung erfahrungsmäßig auch bisweilen erfolgt, in der Absicht, um Andere vor Strafe zu schützen, oder einer andern strafbaren Handlung zu entgehen und das Zugeständniß im Kriminalprozeß als gerichtliches gleiche Kraft mit dem im Civilprozeß abgegebenen hat.

4) Die Anfechtbarkeit des Geständnisses würde endlich in den Fällen der actio Paulana, wie sie das preußische Recht innerhalb und außerhalb des Konkurses anerkennt, beizubehalten sein.

§. 41.
Fortsetzung.

Dem Geständniß zunächst stehen diejenigen im §. 36. aufgeführten Befugnisse, welche — wie jenes — eine einseitige Disposition über das Prozeßmaterial, oder aber über die Art der Betheiligung am Prozesse selbst, ob selbst oder durch Andere, zu enthalten scheinen, nämlich das Recht, Thatsachen und Beweismittel in beliebigen Zeitpunkten anzubringen — sich eines Stellvertreters oder Assistenten zu bedienen, oder seine Gerechtsame selbst zu vertreten — einen gemeinschaftlichen Stellvertreter beim Litiskonsortium zu bestimmen, — dem Litisdenunziaten die Prozeßführung zu überlassen, — Rechtsmittel einzulegen oder dies zu unterlassen, — in Verhandlungsterminen von früheren Anträgen abzuweichen und die Klage zu ändern, — der Beweisaufnahme beizuwohnen, — die Beweislast zu übernehmen, — den zu leistenden Eid auf ein quantum minus zu richten, — mehrere Klagen zu vereinigen, — sich dem Personal- und Realarrest zu unterwerfen.

Alle die hier aufgeführten sogenannten Befugnisse enthalten in Wahrheit keine Dispositionsfreiheit, mit Ausnahme des letztgedachten Falles, der aber überhaupt nicht hierher gehört, da er die Uebernahme einer Verbindlichkeit enthält, welche außerhalb des Streitverhältnisses liegt, grade, wie wenn ich zu Gunsten eines Andern einen Wechsel ausstelle oder eine Hypothek bestelle.

Der Irrthum in der Annahme von Dispositionsbefugnissen in den vorstehend erwähnten und ähnlichen Fällen beruht großentheils auf der verkehrten Auffassung, daß alles nicht Verbotene den Inhalt eines Rechts bilde. In diesem Sinne muß es auch als ein Recht der Partei gelten, die Schriftstücke, welche dem Gericht zu überreichen sind, mit deutschen oder lateinischen Schriftzügen abzufassen, das Datum oben am Anfang oder unten am Ende zu vermerken, die Gesuche versiegelt oder unversiegelt einzureichen. Man geht dabei von der Ansicht aus, daß die Freiheit, etwas zu thun oder zu unterlassen, die Abwesenheit einer entgegenstehenden Verbindlichkeit involvire, und als Negation der Verbindlichkeit ein Recht sei, welches sich in eine Unzahl einzelner Rechte auflöse. Dem Gesetzgeber wird dabei die Aufgabe zu Grunde gelegt, über Alles Gebote und Verbote zu erlassen, so daß jene die Regel, der Mangel derselben die Ausnahme bilde. Aus dem wahren Begriffe des Rechts, welcher eine entgegenstehende Pflicht — die Unterwerfung des Einen unter den Willen (Puchta, Vorlesungen über das heutige römische Recht Bd. I. §§. 29. 30.) des Andern — zur nothwendigen Voraussetzung hat, schließt man rückwärts, daß der Mangel einer Verpflichtung das Recht involvire, nicht verpflichtet zu sein, oder das Recht, dem die Verbindlichkeit gegenüberstehe, etwas nicht zu fordern.[73])

Das Dasein eines Rechts ist ohne die gegenüberstehende Verbindlichkeit eines Andern nicht denkbar. Die nach einer Gesetzgebung bestehende Möglichkeit, mich eines Stellvertreters zu bedienen oder nicht

---

[73]) Brackenhöft, Erörterungen über die Materien des allgemeinen Theils von Linde's Lehrbuch des deutschen gemeinen Civilprozesses S. 5. 8.

zu bedienen, ist daher kein Recht. Man könnte eine solche Beziehung nur mit dem Scheine eines Grundes durch die Bezugnahme auf andere Gesetzgebungen, in welchen die Stellvertretung unzulässig, also nicht Rechtens ist, rechtfertigen — nur mit dem Scheine eines Grundes, sage ich, weil das nicht Verbotene nicht synonym mit Recht (im subjektiven Sinne) ist. So führt v. Daniels (Handbuch der preußischen Civilrechtspflege S. 454) irrig als eine Dispositionsbefugniß der Parteien im preußischen Recht die Befugniß auf, sich eines Stellvertreters zu bedienen. Die Ueberlassung der Prozeßführung an den Litisdenunziaten ist lediglich der Bestellung eines Stellvertreters gleich.

Wenn eine Gesetzgebung ferner gestattet, Thatsachen und Beweismittel bis zum Erlaß der Entscheidung in beliebigen Zeitpunkten vorzubringen, so kann man die Wahl eines Zeitpunkts durch die Partei aus dem angeführten Grunde nicht aus einer Dispositionsbefugniß der Partei herleiten. Eine Gesetzesbestimmung mit dem angegebenen Inhalte verleiht den Parteien kein Recht, sondern erklärt nur, daß die Entscheidung die Grenze für die Parteivorträge bilde, involvirt also gerade die Pflicht, bis zu einem bestimmten Zeitpunkt sich zu erklären.

Ebenso steht es mit der Befugniß, mehrere Klagen zu vereinigen, der Beweisaufnahme beizuwohnen. Es sind dies sogenannte res merae facultatis des preußischen Rechts (§§. 505. 506. I. 9. A. L. R.) Die gesetzliche Zulässigkeit, den Eid auf eine geringere Summe einzuschränken, hat nur die Bedeutung, daß die Eidesnorm in Ansehung des Betrages erst im Augenblicke der Eidesleistung endgiltig festgestellt werde.

Ebenso ist in Wahrheit das sogenannte Recht, Rechtsmittel einzulegen, oder dies zu unterlassen, kein Recht, sondern eine Pflicht der Partei (cf. §. 39), welche sich verschieden gestaltet, je nachdem die der Anfechtung unterliegende richterliche Verfügung oder Entscheidung begründet oder unbegründet ist.

§. 42.
Fortsetzung.

Als einseitige Dispositionsbefugnisse sind demnächst Erklärungen angeführt worden, welche auf die Thätigkeit der Gegenpartei influiren, nämlich die Befugniß, zu bestimmen, wer von den gegnerischen Litiskonsorten den Eid leiste, oder zwischen dem gegnerischen Vormunde und der von ihm vertretenen Mündel bei der Eidesleistung zu wählen. In diesen Fällen wird durch den Willen des einen Theils zwar eine Verbindlichkeit des andern bestimmt. Gleichwohl kann von einer Dispositionsbefugniß nicht die Rede sein.

Aus der Natur des Streitverhältnisses folgt, wie mehrfach erörtert worden, die Pflicht, eine der Sachlage entsprechende Entscheidung herbeizuführen. Hat die positive Gesetzgebung den Eid als Beweismittel zugelassen, so gehört derselbe zu den Mitteln, die Wahrheit festzustellen, und die Parteien sind daher, falls der Eid als Beweismittel benutzt ist, verpflichtet, das Zeugniß, welches sie von einander in Form der Eidesdelation fordern, abzugeben. Wenn nun der Gesetzgeber in den erwähnten Fällen den Parteien die Wahl läßt, den Eidespflichtigen zu bestimmen, so hat zugleich diejenige Partei, welcher die Bestimmung obliegt, denjenigen als eidespflichtig aufzurufen, dem nach ihrer Ueberzeugung die beste Kenntniß von der Sache beiwohnt. Jenes Wahlrecht enthält daher implicite die Anordnung, daß nur der Wissende zum Eide aufgerufen werde, die Form des Wahlrechts ist vom Gesetzgeber nur gebraucht, weil er die Ueberzeugung des Beweispflichtigen, wer der am besten Wissende sei, eben so wenig als den am besten Wissenden selbst zu kennen vermag. Wollte die beweispflichtige Partei Denjenigen zur Eidesleistung aufrufen, dessen Nichtwissen sie kennt, obwohl nach ihrer Kenntniß ein Wissender vorhanden, so würde sie die aus dem Streitverhältniß ihr obliegende Pflicht verletzen und eine ungerechtfertigte Willkür üben. Das ist aber keine Dispositionsbefugniß.

Was sonst als einseitige Dispositionsbefugniß bezeichnet worden ist, charakterisirt sich als eine scheinbare Beeinflussung der richterlichen Thätigkeit durch die Partei, so die Verlegung von Fristen und Terminen, Urkunden über gegnerische Zugeständnisse und Anerkenntnisse zu fordern, Kontumazial-Entscheidung zu beantragen, die Ueberlassung der Insinuation zu fordern, eine unerhebliche Thatsache untersucht zu verlangen.

Der letztgedachte Fall, welcher einer obsoleten Bestimmung der preußischen Prozeßordnung entspricht, läuft auf einen Mißbrauch der richterlichen Gewalt hinaus und enthält daher eine entschieden verwerfliche Befugniß der Partei, über deren weitere Erörterung füglich hinweggegangen werden kann.

In den übrigen angeführten Fällen steht jedenfalls dem Richter die Prüfung des Antrages zu, so daß das Recht der Partei, das Eine oder Andere zu fordern, von der Uebereinstimmung des Richters mit dem Antrage der Partei bedingt ist. Die Gewährung des Antrags hat daher in der richterlichen Ueberzeugung ihren eigentlichen Grund und nicht in einer Dispositionsbefugniß der Partei über den Richter.

Nun ist es freilich richtig, daß der Richter in einzelnen Fällen und resp. in jedem Falle, wo die gesetzlichen Bedingungen vorliegen, den Anträgen der Partei Statt zu geben hat. Aber dieses Recht der Partei ist keine Dispositionsbefugniß derselben, denn so weit die Parteianträge der Sache entsprechen, sind sie aus der jeder Partei obliegenden Pflicht, der Aufgabe des Streitverhältnisses Genüge zu leisten, hervorgegangen — so weit sie sachwidrig sind, enthalten sie eine unzulässige Willkür, eine Pflichtwidrigkeit, zu welcher keine Partei ein Recht hat. Wenn der Gesetzgeber den Richter verpflichtet, dem Willen der Parteien unter bestimmten Voraussetzungen zu deferiren, so geschieht dies nicht, um den Parteien eine Gewalt über den Richter einzuräumen, sondern lediglich deshalb, weil der vom Richter zu beachtende Wille der Parteien den Pflichten derselben entspricht, deren Erfüllung nur unter Mitwirkung des Richters möglich ist. Der Letztere hat — so gewiß er von den Parteien die Erfüllung der ihnen obliegenden Pflichten erwarten muß, und unter Umständen fordern kann — das Recht, von den Parteien zu fordern, daß sie diejenigen Anträge stellen, welche seine Mitwirkung erfordern. Die Natur des Streitverhältnisses bringt es einmal mit sich, daß dasjenige, was auf der einen Seite als Recht erscheint, auf der andern Seite für den Berechtigten zugleich Pflicht ist und umgekehrt.

§. 43.

Gemeinsame Disposition der Parteien.

a. Kompromiß.

Unter den Erklärungen, welche als gemeinsame Dispositionsbefugnisse der Parteien aufgeführt worden, lassen sich drei Klassen unterscheiden:

a. diejenigen, welche sich auf ein Prozeßverfahren außerhalb der Gerichte beziehen,

b. diejenigen, welche die Exekutions-Instanz und

c. diejenigen, welche das gerichtliche Prozeßverfahren bis zur Exekution betreffen.

Der ersten Klasse gehören die Vereinbarungen über das Kompromiß als solches und über die Formen des schiedsrichterlichen Verfahrens an. Es ist klar, daß die Abrede, einen Rechtsfall der schiedsrichterlichen Entscheidung zu unterbreiten, in das Streitverhältniß selbst nicht eingreift, sondern die freiwillige Konstituirung eines solchen betrifft. Die Dispositionsbefugniß, welche in einer solchen Abrede liegt, entspringt aus der Freiheit, Rechtsgeschäfte über jeden erlaubten Inhalt abzuschließen, und hat mit der aus dem Streitverhältniß selbst sich ergebenden Rechtsbeziehung nichts zu schaffen. Wenn viele Gesetzgebungen demnächst auch eine autonomische Festsetzung der Formen für das schiedsrichterliche Verfahren gestatten, und zwar mit der Wirkung, daß das laudum auf eine gerichtsseitige Realisirung Anspruch habe, so wird damit den Kontrahenten das Recht zugestanden, für den speziellen Fall in gesetzgeberischer Weise aufzutreten; die Vereinbarung dieser Formen bildet dann einen integrirenden Theil des Kompromisses, und das auf Grund desselben konstituirte Streitverhältniß steht sonach unter dem autonomischen Gesetze der vereinbarten Formen. Sobald jedoch das Streitverhältniß selbst vorliegt, das schiedsrichterliche Verfahren sich in Vollzug setzt: steht den Parteien das Recht der Vereinbarung nicht mehr zu, sie stehen alsdann unter dem selbstgewählten Gesetze, welches sie ohne das Recht der Aenderung zu respektiren haben. Eine weitere Vereinbarung der Parteien innerhalb des Streitverhältnisses würde die aus demselben sich ergebenden Pflichten unbedenklich verletzen. Sind die von den kompromittirenden Parteien festgesetzten Normen unvollständig: so tritt zu ihrer Ergänzung in subsidium die Landesgesetzgebung ein, oder, falls dies unmöglich wäre, besteht das Kompromiß überhaupt nicht zu Recht, und der aus solchen hervorgegangene Schiedsspruch würde von den Gerichten nicht realisirt werden dürfen. Das Nämliche gilt in dem Falle, wenn die Kontrahenten dem Kompromiß Normen gestellt haben, welche mit den materiellen Gesetzen und der gesunden Vernunft in Widerspruch stehen, oder contra bonos mores sind. Denn die Vereinbarung der Parteien, das streitige Recht durch den Schiedsrichter feststellen zu lassen, schließt nothwendig die Intention ein, dasjenige als Recht festzustellen, was nach den Gesetzen, die für die Beurtheilung der Streitfrage maßgebend sind, Rechtens ist, und was sich mit der gesunden Vernunft und der Sittlichkeit verträgt. Wenn also die Kontrahenten dem Schiedsrichter vorschreiben wollten, daß er der Entscheidung eine Rechtsregel zu Grunde lege, welche den Gesetzen widerspricht, so würde das laudum ohne alle rechtliche Wirkung sein.

l. 19. D. 49, 1. Si *expressim* sententia contra iuris rigorem data fuerit, valere non debet — Non iure profertur sententia, si *specialiter* contra leges — fuerit prolata — Unde potest causa ab initio agitari. pr. J. 4, 17. — et quidem imprimis illud observare debet iudex, ne aliter judicet, quam legibus — proditum est.

Da auch das Prozeßrecht materielle Rechtsgrundsätze enthält, so dürfen die im Kompromiß festgesetzten Formen des Verfahrens auch diesen nicht widersprechen. Ein Kompromiß mit der Vereinbarung, daß es statthaft sein soll, Eide über Rechtsverhältnisse zu deferiren, würde daher nach preußischem Recht ohne alle Wirkung sein.

§. 44.
b. In der Exekutions-Instanz.

Die autonomischen Festsetzungen in der Exekutions-Instanz haben ebensowenig, wie das Kompromiß, auf das Streitverhältniß Einfluß. Der Zweck desselben — die Feststellung des streitigen Rechtszustandes — muß erledigt sein, wenn die Exekution zulässig sein soll. Die Exekutions-Instanz bildet daher, soweit sie nicht selbst wieder Streitverhältnisse erzeugt — Interventions-Prozesse, Verhandlungen über Einreden der Zahlung, des Vergleichs, der Legitimation des Exekutionssuchers, oder des Exequenden — ein administratives Verfahren, welches mit der eigentlichen Funktion der Gerichte — der spruchrichterlichen — nicht zusammenfällt. Gewisse Exekutions-Modalitäten, wie der Subhastations- und Konkurs-Prozeß, haben eine gemischte Natur — wenn die Gesetzgebung daher Vereinbarungen der Parteien auch für solche Prozesse zuläßt, so liegt die Berechtigung darin, daß diese Abreden sich lediglich auf den administrativen Theil des Verfahrens beziehen. Die Abreden über Modalitäten der öffentlichen Versteigerung — sowohl der Auktion, als der Subhastation —, bei der Sequestration, bezüglich der Immission haben daher mit einem Streitverhältnisse nichts gemein.

§. 45.
c. Innerhalb des gerichtlichen Verfahrens.

Was endlich die sogenannten gemeinschaftlichen Dispositionsbefugnisse innerhalb des gerichtlichen Verfahrens anlangt, so ist vor Allem nicht außer Acht zu lassen, daß es Inzidentpunkte giebt, welche zugleich administrativer Natur sind. Dahin gehört die Regulirung des Interimistici bei Ehescheidungen, die Festsetzung von Maßregeln zum Schutze von arrestirten, oder in Sequestration (auf Grund einer Klage) genommenen Sachen, welche dem Verderben ausgesetzt sind, die Regulirung des Kautionspunktes. In diesen Fällen handelt es sich nicht — im letzteren Falle wenigstens nicht immer — um die Entscheidung eines streitigen Rechtsverhältnisses, sondern um eine provisorische Anordnung, bei welcher der Richter nicht sowohl als solcher fungirt, als vielmehr die Funktion einer vorsorglichen Obrigkeit, oder eines unparteiischen Schiedsmanns übt. Den Parteien ist es daher unbenommen, sich über das Getrenntleben, die Art der Vermögensverwaltung und ihrer eigenen, sowie der Alimentation der Kinder während des Scheidungsprozesses, über Maßregeln zum Schutze arrestirter, oder sequestrirter Sachen, über die Höhe der festzusetzenden Kaution bei Anlegung oder Relaxation des Arrestes, oder bei Anstellung einer Klage in Fällen, wo der Kläger Kaution zu leisten hat, zu vereinbaren. Die übrigen im §. 46 angeführten Fälle betreffen:

a. die Voraussetzungen des gerichtlichen Verfahrens (Wahl des Richters — Abrede über die Kompetenz — prorogatio fori — die Klage in Ansehung ihrer Aenderung und Rücknahme — Liegenlassen und Aussetzung des Prozesses — Ausscheiden des Litisdenunzianten aus dem Prozeß — der Vollmachtspunkt bezüglich der Vertreter — die sponsiones und stipulationes des römischen Prozesses);

b. die Begründung des Streitverhältnisses (litis contestatio — status causae et controversiae);

c. das Verfahren selbst (Verlegung von Fristen und Terminen, gerichtliche Verhandlung an einem dies feriatus — Ausschluß der mündlichen Verhandlung und der Oeffentlichkeit — schriftliches Vorverfahren — gleichzeitige Verhandlung der Hauptsache und der exceptiones litis finitae und ingressum impedientes — gleichzeitige Instruktion über Grund und Betrag der Forderung — Aussetzung der Instruktion über begleitende Umstände — Beweiserhebung vor der mündlichen Verhandlung);

d. das Beweisverfahren insbesondere (Eidesdelation, Aenderung der Norm und der Person des Schwörenden, Leistung durch einen Mandatar, Relation nach Annahme — Vereinbarung über zu vernehmende Zeugen und Gutachter — über eine Urkundenabschrift, über Vergleichungsstücke bei Verifikation der Handschriften — über Zulassung neuer verspäteter und Zurückziehung vorgebrachter Beweismittel — Uebernahme der Beweislast);

e. das Verfahren in der höheren Instanz (Uebergehung einer Instanz — Zulassung der Appellation bei versäumter Frist und nicht appellablem Objekt — Vereinbarung über materielle Entscheidung in der Berufungsinstanz — über Aussetzung der Verhandlung der nicht ins Appellatorium gelangten Punkte).

§. 46.
Die gemeinsame Disposition bezüglich der Voraussetzungen des Verfahrens.

Die im älteren römischen und deutschen Recht den Parteien ververstattete Wahl der Richter und beziehungsweise der Schöffen hing mit dem Mangel einer ausgebildeten Gerichtsorganisation zusammen. Das Verfahren hatte wesentlich die Natur eines schiedsrichterlichen. (§. 8.) Der Mangel eines gesetzlich bestimmten Richters nöthigte die Parteien, die Wahl eines solchen zu treffen; sie mußten in dieser Weise den Mangel der Gesetzgebung ergänzen. Hierin lag also ein Zwang der Nothwendigkeit, aber keine Dispositionsfreiheit.

In gewissem Sinne enthält die *prorogatio* fori eine Wahl des Richters, insofern den Parteien gestattet ist, vor einem andern, als dem eigentlich zuständigen Richter Recht zu nehmen. In Wahrheit liegt aber auch in der Erstreckung des Gerichtsstandes kein Akt der Dispositionsbefugniß, wenn man den richtigen Begriff der Kompetenz zu Grunde legt. Dieselbe bezeichnet den Umfang der Jurisdiktion eines Gerichts, welcher der Gerichtspflichtigkeit („Dingpflichtigkeit") entspricht. Die Jurisdiktion ist subjektiv begrenzt, insofern ein Gericht über einen bestimmten — gewöhnlich geographisch bestimmten — Bezirk hinaus die Parteien nicht nöthigen kann, vor demselben Recht zu nehmen — objektiv begrenzt, insofern gewisse Rechtshändel mit Rücksicht auf die Person der Streitenden, oder auf die Streitsache — beziehungsweise die Höhe ihres Werths — von der Gerichtsbarkeit ausgeschlossen sind. Sofern nun die Parteien Recht nehmen bei einem Gerichte, welchem sie nicht dingpflichtig sind, ist eine prorogatio fori vorhanden. Da ihr sonach der Gedanke zu Grunde liegt, daß jedes Gericht, welches nicht zufolge der Qualität des Rechtshandels zur Entscheidung der Sache unfähig ist, zur Verhandlung und Entscheidung von Prozessen kompetent erscheint, so ist die prorogatio fori auch nicht der der Ausfluß einer Dispositionsbefugniß. Diese würde voraussetzen, daß das Gesetz zu Gunsten der Willkür der Parteien eine Ausnahme von der Regel statuirte; das ist aber eben nicht der Fall, weil ja der Regel nach jedes Gericht kompetent ist und die Ausnahme nicht die Parteien, sondern den Richter betrifft, insofern diesem über einen bestimmten Bezirk hinaus kein Zwangsrecht gegen die Parteien zusteht. Sonach ist die Bestimmung eines Gerichtsstandes seitens der Parteien die gesetzliche Regel. Die Sache bekommt dadurch nur einen andern Schein, daß die Parteien gewöhnlich grade bei demjenigen Gerichte, welchem sie zugleich dingpflichtig sind, Recht nehmen und die Wahl eines andern Gerichts deshalb den Eindruck einer Ausnahme macht. Die gesetzliche Bestimmung eines zuständigen Gerichtsstandes hat den Zweck, den Verklagten einerseits zur Einlassung an einem bestimmten Orte zu nöthigen, andererseits gegen die Willkür des Klägers, wonach dieser ihn an einem beliebigen Orte belangen könnte, zu sichern. Sie tritt also nur *in subsidium* als maßgebend ein, wenn der Verklagte die Eingehung eines Streitverhältnisses verweigert. [74])

Die gesetzliche Befugniß der Parteien, bei irgend einem Gerichte den Prozeß zu verhandeln, ist daher ebensowenig ein Dispositionsrecht, als die früher erwähnte Befugniß, Schriftstücke versiegelt oder unversiegelt dem Gericht zu überreichen. Aus diesem Grunde ist es auch unangemessen, von einer „Vereinbarung“ der Parteien über den Gerichtsstand zu sprechen, wie dies im preußischen Entwurf §§. 34. 35. 36. 38. der Fall ist, da dieser Ausdruck auf die Abänderung einer gesetzlichen Regel durch den übereinstimmenden Willen der Parteien hinweist, eine solche Abänderung in der prorogatio fori aber, wie gezeigt, nicht liegt.

Soweit dagegen die Jurisdiktion objektiv begrenzt ist, erscheint die prorogatio fori nicht zulässig, und zwar weder so, daß Rechtshändel, die vor bestimmte Gerichte gewiesen sind, bei anderen verhandelt werden können, noch so, daß Gerichte, denen ein bestimmter Geschäftskreis angewiesen ist, Sachen außerhalb dieses Bereiches verhandeln und entscheiden dürfen. Eine prorogatio fori in solchen Fällen würde dem Begriffe dieser besonderen Gerichtsstände offenbar widersprechen. Sie ist deshalb mit Recht im preußischen Entwurfe ausgeschlossen. (§. 35, Nr. 2. 3. 4. 5. 6.)

Können hiernach auch die Parteien, von diesen Ausnahmefällen abgesehen, schon nach der gesetzlichen Regel bei jedem Gerichte ihren Streitfall zur Entscheidung bringen, so versteht es sich doch auf der anderen Seite von selbst, daß sie — dem Begriffe des Streitverhältnisses gemäß — dasjenige Gericht zu wählen verpflichtet sind, welches nach ihrer Ueberzeugung mit Bezug auf den Inhalt des streitigen Verhältnisses und sonstige begleitende Umstände am geeignetsten zur Erörterung und Entscheidung der Sache ist. Der Umstand, daß diese Pflichterfüllung sich nicht erzwingen läßt, und der Gesetzgeber in diesem Punkte, wie in vielen anderen, die Gewissenhaftigkeit der Parteien zur Voraussetzung der getroffenen, resp. zu treffenden Bestimmungen machen muß, kann selbstredend einer, sich als Pflichtverletzung charakterisirenden

[74]) Brackenhöft a. a. O. §§. 86. 101.

Willkür nicht die Eigenschaft einer gesetzlichen Dispositionsbefugniß verleihen. Von einer solchen kann übrigens um so weniger dann die Rede sein, wenn der Gesetzgeber dem angegangenen Richter ein Widerspruchsrecht eingeräumt hat, da alsdann die Begründung des Gerichtsstandes auf der Prüfung des Richters beruht. De lege ferenda läßt sich freilich eine derartige richterliche Intervention nicht rechtfertigen, weil in derselben ein Widerspruch gegen den Begriff der Kompetenz liegt. Die Rücksicht auf eine mögliche Ueberbürdung einzelner Gerichte ist, wie die Motive zur hannöverschen Prozeßordnung richtig ausführen, nicht begründet, weil die Parteien im Interesse ihrer Gerechtsame gewöhnlich dasjenige forum wählen werden, welchem sie zugleich dingpflichtig sind, da der Bestimmung der Gerichtsstände die Rücksicht auf dieses Interesse zu Grunde liegt.

Nach manchen Gesetzgebungen, wie im römischen und gemeinen Recht und im §. 19 der hannöverschen Prozeßordnung, ist den Parteien eine Erweiterung der objektiven Kompetenz des Richters über die vom Gesetzgeber als Regel gesteckte Grenze hinaus gestattet, dergestalt, daß die Beschränkung, welche in der Höhe des Streitgegenstandes liegt, von den Parteien aufgehoben werden kann.

l. 1, l. 74. §. 1. D. 5. 1, l. 28. D. 50. 1, l. 51. Cod. 1. 3, l. 29. C. 2. 3.

Eine solche Befugniß den Parteien einzuräumen, liegt jedoch kein stichhaltiger Grund vor. Wenn der Gesetzgeber erst einmal davon ausgeht, daß je nach der Qualität des Streitobjektes, resp. der Höhe desselben eine mehr oder minder vielseitige und umfassende Prüfung des Rechtsstreites einzutreten habe, und deshalb vorschreibt, daß in dem einen Falle eine größere, in dem anderen eine geringere Anzahl von Richtern sich mit der Sache befasse: so ist nicht erfindlich, warum der Willkür der Parteien eine Aufhebung dieses Grundsatzes gestattet sein soll. Es kann hier ohne weitere Erörterung auf das im §. 31 über die Bedeutung der Formen im Prozesse Gesagte verwiesen werden. Es mag nur noch bemerkt sein, daß am allerwenigsten in solchen Fällen den Parteien ein willkürlicher Einfluß auf den Prozeßorganismus gestattet werden kann, wo die bestimmte Form zugleich sich als ein Element der Gerichtsorganisation darstellt; denn diese bildet vor Allem die Grundlage eines guten Prozeßrechts. Der preußische Entwurf ist daher mit gutem Grunde hierin nicht der hannöverschen Prozeßordnung gefolgt. Gerade der Mangel einer gehörigen Gerichtsorganisation führte im älteren römischen Rechte zu einer Verdunkelung der Grenzen richterlicher Kompetenz; für das neuere römische Recht war die Beibehaltung dieser Vorschrift kein Bedürfniß, und wenn sie gleichwohl erfolgt ist, so möchte dies nicht zu rechtfertigen sein.

In Bezug auf die Aenderung der Klage gilt im Allgemeinen der Grundsatz, daß dieselbe nur soweit zulässig ist, als der Klagegrund (Klagefundament) und die Klageforderung nicht alterirt wird; in letzterer Beziehung gilt es für keine Aenderung, wenn nachträglich accessorische Ansprüche neben der Hauptsache, oder statt dieser zufolge einer vom Willen des Klägers unabhängig eingetretenen Veränderung die Entschädigung, oder sonst ein Surrogat geltend gemacht wird.[74a]) So ist's der Fall bei Interventionsklagen, wenn der Antrag auf Anerkennung des Eigenthums an einer Sache und auf Freigabe derselben nach ihrer Versteigerung in den Antrag auf Herausgabe der Auktionslosung verändert — oder, wenn der Antrag auf Zahlung nach der Konkurseröffnung durch den Antrag substituirt wird, die Forderung als unstreitig festzustellen, und ihr ein gewisses Vorzugsrecht zuzusprechen — oder wenn der Antrag auf Abnahme von Aktien geht und nach der Konkurseröffnung auf Zahlung gestellt wird (cfr. Erkenntniß des Königl. Ober-Tribunals zu Berlin vom 2. Mai 1861. Striethorst, Archiv für Rechtsfälle Bd. 12 S. 50, und Erkenntniß desselben Gerichtshofes vom 27. April 1852 ibidem Bd. 6 S. 128).

Der preußische Entwurf geht weiter, er läßt (§. 232 Nr. 2) auch eine Aenderung des Klagegrundes mit oder ohne Aenderung des Klageantrages zu, wenn der Verklagte nicht zu einer andern Rechtsvertheidigung genöthigt wird. Da nach §. 313 des Entwurfs in der zur Einleitung der mündlichen Verhandlung bestimmten Sitzung von den früheren Parteianträgen soll abgewichen werden können, so läßt sich — die Zulässigkeit einer solchen Vorschrift vorausgesetzt — gegen jene Bestimmung, soweit sie diesen Einleitungs-Termin betrifft, nichts einwenden, weil hiernach in diesem Termine erst der eigentliche Vortrag der Klage erfolgt. Eine spätere Aenderung in dem bezeichneten Sinne aber erscheint unzulässig, weil dadurch die Individualität des Streitverhältnisses, welches sich auf ein bestimmtes in Anspruch genommenes Recht bezieht, vollständig aufgehoben und damit ein innerer Widerspruch in den Begriff des Streitverhältnisses gebracht würde. Die Zulassung einer solchen Aenderung erscheint auch unzweckmäßig. Denn es könnten dann wesentlich verschiedene Prozesse einander beliebig substituirt werden, und der Richter käme möglicher-

---

[74a]) Vergl. v. Bayer a. a. O. §. 171 S. 549 squ.; Martin a. a. O. Bd. II S. 163; besonders Wetzell a. a. O. §. 70 S. 799 squ.

weise in die Lage, in jeder Sitzung über ein anderes Streitverhältniß zu entscheiden. Das ganze vorbereitende Verfahren würde zu einer leeren Form. Ueberdies ist schon die Vorschrift des §. 313 in ihrer allgemeinen Fassung höchst bedenklich; die Klage sammt dem ganzen Vorverfahren wird dadurch eigentlich unnütz.

Noch weniger kann die Bestimmung des §. 233 des Entwurfs, welche dem §. 203 der hannöverschen Prozeßordnung entspricht, gutgeheißen werden. Danach wird eine stillschweigende Genehmigung der Klageänderung angenommen, wenn der Verklagte in einer mündlichen Verhandlung auf die veränderte Klage sich eingelassen hat. Leonhard in seinem Kommentar zur hannöverschen Prozeßordnung rechtfertigt (S. 153) diese Bestimmung mit dem Bemerken, es stehe nichts entgegen, den Willen des Verklagten entscheiden zu lassen. Der Wille der Parteien ist aber innerhalb des Streitverhältnisses ein ganz unberechtigter Faktor, die Parteien haben sich mit dem Augenblick der Eingehung desselben ihrer Verfügungsfreiheit begeben, und dies ist nach der Natur des Streitverhältnisses gerade so wenig abänderlich, wie der bloße Wille der Kontrahenten bewirken kann, daß eine Darlehnsforderung als Kaufgelderforderung gelte. Eine Veränderung des Klagegrundes mit oder ohne Aenderung des Klageantrags und umgekehrt eine wesentliche Aenderung des Klageantrags, mit oder ohne Aenderung des Klagefundaments, involvirt die Geltendmachung eines andern Rechts, als welches zur Grundlage der Prozeß-Obligation von den Parteien gemacht worden ist. Wie der Begriff der Litigiosität, würde auch der Begriff der res iudicata, als der unabänderlichen Feststellung eines bestimmten streitigen Rechtsverhältnisses aufgehoben, von den Requisiten derselben könnte bei der Möglichkeit, daß eine ganze Anzahl verschiedener Rechte hinter einander den Gegenstand desselben Streitverhältnisses bilden könnte, nicht mehr die Rede sein. Derselbe Klagegrund und dieselbe Forderung könnten, obwohl sie durch ein anderes Fundament und eine andere Forderung ersetzt wären, unter Aufgeben dieser Aenderung von Neuem geltend gemacht werden! Damit würde der völligen Formlosigkeit des Prozeßverfahrens und der Verschleppung der Prozesse Thür und Thor geöffnet.

Ebenso wenig kann den Parteien das Recht eingeräumt werden, den Prozeß auszusetzen. Es widerspricht dies der ihnen auf Grund des Streitverhältnisses obliegenden Pflicht, eine Feststellung des streitigen Rechts herbeizuführen. Sie können nur entweder dem Prozesse durch Rücknahme der Klage überhaupt entsagen, oder müssen denselben bis zum Erlaß der Entscheidung fortsetzen. Der preußische Entwurf ist in dieser Beziehung nicht der hannöverschen Prozeßordnung, resp. dem deutschen Entwurfe — der gleichfalls eine Unterbrechung des Prozesses bei der Uebereinstimmung der Parteien zuläßt — gefolgt.

Das Ausscheiden des verklagten Litisdenunzianten aus dem Prozesse und zugleich aus aller Verbindlichkeit mit Uebereinstimmung der andern Partei mit der Wirkung (§. 30 I. 17 A. G. O.), daß das Urtel zwischen dem Kläger und Litisdenunziaten ergeht, der Verklagte aber im Urtel unberücksichtigt bleibt, hat für den Prozeß eine Aenderung des Streitverhältnisses zur Folge, da auf die Forderung gegen den ursprünglichen Verklagten verzichtet und ein anderer event. Verpflichteter substituirt wird. Ein solches Verfahren ist mit der Natur des Streitverhältnisses unvereinbar. Denn dieses kann, wie gesagt, nur durch Rücknahme der Klage oder Urtheil erledigt werden; der Richter muß daher — de lege ferenda — die Klage gegen den ursprünglichen Verklagten abweisen und kann den Litisdenunziaten nur verurtheilen, wenn die Klage nachträglich — innerhalb der für dergleichen Fälle vom Gesetzgeber zu bestimmenden Frist — auch gegen den Litisdenunziaten gerichtet wird. Die Vorschrift des §. 30 I. 17 A. G. O. involvirt eine unzulässige autonomische Festsetzung der Parteien. Der ähnliche Fall des §. 744 No. 3 des preußischen Entwurfs ist dagegen korrekt behandelt, da das Erkenntniß gegen den Beklagten und Nominaten ergehen, oder falls in der Hauptsache nur gegen den Letzteren entschieden wird, der Beklagte durch Urtheil außer Prozeß gesetzt werden soll.

Wenn §. 74 der hannöverschen Prozeßordnung die Prüfung des Vollmachtpunktes den Parteien überläßt, mit der Wirkung, daß eine in dieser Hinsicht unterbliebene Rüge später nicht mehr vorgebracht werden kann, also die stillschweigende Anerkennnng einer gehörigen Bevollmächtigung angenommen wird: so wird damit die Frage der legitimatio ad processum aus dem Bereiche derjenigen Momente ausgeschieden, welche der Richter von Amtswegen zu untersuchen hat. Sie wird, wie jede andere Thatsachenfrage, bei welcher das Geständniß eine Beweiserhebung überflüssig macht, behandelt. Es liegt hierin kein Akt der Dispositionsbefugniß der Parteien, und die Zulässigkeit einer solchen Bestimmung ist daher von dem allein *hier* interessirenden Gesichtspunkte aus nicht bedenklich.

Was endlich die sponsiones und stipulationes des römischen Prozesses anlangt, so beruhen sie nicht in einer Anerkennung der Dispositionsbefugniß der Parteien, sondern sie waren durch den Mangel ausreichender Prozeßformen, überhaupt eines Prozeßorganismus und einer richterlichen Administrativgewalt bedingt, wie dies schon früher dargelegt worden ist. Diese Verträge sollen erst die Formen für die Möglichkeit des Prozesses schaffen, und der Prätor hatte gerade die Aufgabe, auf den Abschluß solcher Stipulationen hinzuwirken. Während in späteren Rechtsbildungen das Gesetz, als der verkörperte Wille des Volkes, ohne Vertragsform, auch im Prozeßrecht zur Geltung kam, manifestirte sich hier der Volkswille noch in der besonderen Form von Verträgen, welche in jedem Prozesse in gleicher oder ähnlicher Weise wiederkehrten. Gerade die gleichmäßige Wiederkehr dieser Stipulation spricht deutlich dafür, daß auch das ältere römische Recht nicht eine Willkür der Parteien anerkannte, sondern das, was als Dispositionsbefugniß erscheint, nur das Produkt der Nothwendigkeit war, zu Folge deren die Parteien die vorhandenen Mängel mit gewissen, durch die Sitte festgestellten Vertragsformen ergänzen mußten. Wenn es keinem Zweifel unterliegen kann, daß gerade nach römischem Recht das Streitverhältniß ein strenger juristischer Begriff war, so wird schon hieraus klar, daß von einer willkürlichen Beeinflussung desselben durch die Parteien — von einer sogenannten Dispositionsbefugniß — nicht die Rede sein konnte.

§. 47.

Gemeinsame Disposition bezüglich der Begründung des Streitverhältnisses.

Ob die Litiskontestation nach römischen Recht einen wirklichen Vertrag der Parteien enthielt, ist bekanntlich streitig.[75]) Wäre aber auch die Ansicht derer begründet, welche die litiscontestatio als einen wirklichen Vertrag bezeichnen — als nexi obligatio und liberatio für den Fall der künftigen Kondemnation, resp. Absolution (Meyer, Litiskontestation S. 23. 120; Liebe, Stipulation S. 233; v. Savigny, System des heutigen römischen Rechts S. 25. 28. 29. 30), so kann jedenfalls darüber kein Bedenken obwalten, daß sie „nicht auf freiem Entschluß (der Parteien), den sie auch unterlassen könnten, sondern auf den unabweislichen Vorschriften des Prozeßrechts“ beruhte, nicht also als eine willkürliche autonomische Festsetzung der Parteien erachtet werden kann, als der Ausfluß einer Dispositionsbefugniß derselben. Sie würde vielmehr als die nothwendige Bedingung eines Rechtsstreits, beziehungsweise der richterlichen Entschei-

[75]) Keller, der römische Civilprozeß, S. 261. Note 723 und die dort citirten Schriftsteller.

dung zu erachten sein. Als Quasikontrakt würde sie lediglich die Verhandlung der Parteien vor dem Prätor zur Feststellung der Streitfrage bedeuten und um so weniger als ein Dispositionsakt der Parteien zu erachten sein.[76])

Die Litiskontestation nach heutigem römischen Recht ist unstreitig kein Vertrag.[77])

Der Litiskontestation als Quasikontrakt entspricht gewissermaßen die Feststellung des status causae et controversiae nach der preußischen Allgemeinen Gerichts-Ordnung; sie ist die Verhandlung über die Streitpunkte, die durch Zugeständniß erzielte Einigung über einzelne von ihnen und die Feststellung der übrigen.

§. 48.
Gemeinsame Disposition bezüglich des Verfahrens selbst.

Wenn dem übereinstimmenden Willen der Parteien in Bezug auf die Verlegung von Terminen und Aenderung von Fristen durch den Gesetzgeber eine normative Wirkung beigelegt wird, so ist davon auszugehen, daß Termine und Fristen als Mittel zur Förderung des Zweckes des Streitverhältnisses dienen und beim Mangel jeder zeitlichen Grenze für die Parteivorträge eine Fixirung der vom Richter zu lösenden Aufgabe unmöglich wäre, oder in infinitum die Lösung hinausgeschoben würde. Diese Mittel würden aber ihrem Zwecke widersprechen, wenn sie den Parteien das Vorbringen des zur Entscheidung des Rechtsfalles erforderlichen Materials resp. die Wahrnehmung der Gerechtsame ganz oder theilweise unmöglich machten, oder bei zu weit gestellten Zeiträumen der möglichsten Förderung der Aufgabe des Prozesses entgegenträten. Es entspricht daher vollständig dem Zwecke des Streitverhältnisses und der gegenseitigen Pflichten der Parteien, wenn sie durch ihre übereinstimmende Erklärung, daß für die eine oder andere Partei oder beide der vom Richter bestimmte Zeitraum zu eng oder zu weit sei, diesen zu einer Aenderung veranlassen, da gerade die Parteien am besten ihn über das in dieser Richtung vorliegende Bedürfniß informiren können.

Die übereinstimmende Willenserklärung der Parteien findet daher hier ihre Berechtigung in der Nothwendigkeit einer gewissenhaften Prozeßführung, in dem Zwange der Verhältnisse, nicht aber in einer

---

[76]) Keller l. c. §. 62. S. 259 ff.

[77]) Wetzell, System des ordentlichen Civilprozesses S. 78. squ., v. Bayer, Vorträge über den gemeinen ordentlichen Civilprozeß S. 584. squ. (§§. 181. 182. 183.) und besonders v. Savigny, System Bd. VI. §. 259.

bloßen Willkür der Parteien. Die bezeichnete Grenze der Berechtigung läßt sich durch das Gesetz nicht fixiren, weil die Bedürfnißfrage sich der Untersuchung durch den Richter entzieht, es bleibt daher hier, wie in vielen andern Fällen, dem Gesetzgeber nichts übrig, als den Grundsatz an sich anzuerkennen, sei es ausdrücklich oder stillschweigend durch den Mangel einer entgegenstehenden Vorschrift, und den Parteien die gewissenhafte Anwendung desselben zu überlassen. Ist es offenbar, daß die übereinstimmend beantragte Verlegung von Terminen und Erstreckung von Fristen nur zur Verschleppung der Sache dienen solle, so wird der Richter einen solchen Antrag zurückweisen müssen.

Wenn der preußische Entwurf entgegen dem justinianeischen Recht (c. 5. §. 6 Cod. 7. 63) und der hannöverschen Prozeßordnung (§. 152. 416) eine Erstreckung der Nothfristen auch bei übereinstimmendem Antrage der Parteien für unzulässig erklärt, so liegt für diese Beschränkung ein zutreffender Grund vor. Die Zulassung von Rechtsmitteln, welche zwar in der Rücksicht auf die materielle Wahrheit — als das wenn irgend möglich zu erreichende Ziel des Verfahrens seinen Grund hat, widerspricht doch formell der durch das Urtel erfolgten Erledigung des Streitverhältnisses. Diese Collision mit seiner formellen Natur ist daher selbst wenigstens auf unabänderliche Grenzen zu beschränken (vergl. §. 50).

Verlegt der Richter auf den einseitigen Antrag einer Partei einen Termin, oder ändert er eine Frist, so liegt selbstverständlich auch hierin keine Anerkennung der Dispositionsbefugniß der Partei. Denn abgesehen davon, daß der Richter einem solchen Antrage nur nach sachlicher Prüfung stattzugeben hat und ihn auch ablehnen kann, hat auch andererseits eine derartige Forderung der Partei nur in ihrer Pflicht, das für die Entscheidung der Sache erforderliche Material vollständig und gewissenhaft zu beschaffen und resp. die Erledigung der Aufgabe des Prozesses möglichst zu fördern, ihre Rechtfertigung.

Die Bestimmung des römischen und kanonischen Rechts, daß auch an einem *dies feriatus* mit Uebereinstimmung der Parteien verhandelt werden könne, räumte den Parteien selbstverständlich nicht das Recht ein, an einem solchen Tage den Richter zur Verhandlung zu zwingen; ohne seine Uebereinstimmung konnten die Parteien es keinesfalls durchsetzen.

Die hannöversche Prozeßordnung (§. 87) gestattet dem Gerichte, die Oeffentlichkeit der Verhandlung bei Uebereinstimmung der Parteien auszuschließen; das Entscheidende ist also die Verfügung des Richters. Dahin geht auch §. 116 des deutschen Entwurfs. Gegen eine solche Bestimmung läßt sich nichts einwenden, da außer dem Interesse an der Sittlichkeit und an der öffentlichen Ordnung auch andere Rücksichten, wie die auf die interna einer Familie oder auf das Geheimniß einer Erfindung und dergl., den Ausschluß der Oeffentlichkeit rechtfertigen können, während der Staat an sich im Allgemeinen kein Interesse an der Berücksichtigung solcher Umstände hat und daher die Erklärung der Parteien, inwieweit ein Grund zu etwaiger besonderer Berücksichtigung vorliege, abwarten kann und muß. Dagegen würde es ungerechtfertigt sein, in die Hand der Parteien den entscheidenden Einfluß in dieser Frage zu legen, da die Vorschrift der Oeffentlichkeit, wo sie besteht, im öffentlichen Interesse gegeben ist und zu den Formen gehört, deren Beobachtung der Gesetzgeber als die nothwendige regelmäßige Bedingung eines Prozeßverfahrens statuirt hat.

Ebensowenig würde es aus dem nämlichen Grunde gerechtfertigt sein, den Parteien die Entscheidung über die Frage, inwieweit eine Aenderung des mündlichen Verfahrens (wo dieses die Regel bildet) einzutreten habe, zu überlassen. Die hannöversche Prozeßordnung hat demgemäß (§. 207) in das Ermessen des Gerichts gestellt, dem übereinstimmenden Antrage der Parteien auf Zulassung eines schriftlichen Vorverfahrens stattzugeben. Es mag die Erwägung zu Grunde gelegen haben, daß der Richter das in einem Prozesse zur Sprache zu bringende Material nicht von Haus aus kennen kann und daher die mögliche Komplizirtheit der Sache, ehe das Material vor den Richter gebracht ist, nicht zu übersehen vermag.

Die Vorschriften des preußischen Rechts über die gleichzeitige Instruktion der Hauptsache und gewisse Einreden, sowie des Grundes und Betrages der Forderung setzen gleichfalls eine richterliche Prüfung hierauf gerichteter Parteianträge voraus; das Nämliche gilt von der Beweiserhebung vor der mündlichen Verhandlung. Das den Parteien eingeräumte Recht, die Instruktion über die „speziellen Umstände“ einer zugestandenen Thatsache zu verhindern (III. 3. §. 27. Allgemeine Gerichts-Ordnung) beruht auf der Vorschrift des preußischen Rechts, nach welcher der Richter auch ohne Antrag Beweise zu erheben befugt und verpflichtet ist, und ist keinesfalls de lege ferenda zu rechtfertigen. Hat einmal der Richter das Recht und die Pflicht der Beweiserhebung ohne Antrag und hält er die Ausmittelung jener speziellen Umstände für erforderlich, dann kann den Parteien nicht die Entscheidung darüber zugestanden werden, ob der Beweis auszusetzen sei, weil die Parteien die Pflicht haben, dem Richter die Prüfung der Thatfrage — soweit derselbe nach der bestehenden Gesetzgebung dazu verpflichtet ist — zu ermöglichen, nicht aber gar abzuschneiden. Hält der Richter aber jene „speziellen“ Umstände nicht für erheblich, so würde er die ihm selbst obliegenden Pflichten verletzen, wenn er eine nutzlose Beweisaufnahme veranlassen wollte.

§. 49.

Gemeinsame Disposition bezüglich des Beweisverfahrens insbesondere.

Ein prozessualischer Vertrag, der in allen bekannten Gesetzgebungen zugelassen worden, ist der sogenannte freiwillige Eid, der deferirte und referirte. Nach römischem Recht — jedenfalls nach dem älteren — enthielt er den von jedem richterlichen Einfluß unabhängigen Vergleich der Parteien über Rechtsverhältnisse mit der Wirkung, daß die Existenz oder Nichtexistenz derselben je nach der erfolgten Ableistung des zu- oder zurückgeschobenen Eides bestimmt wurde. Er war daher in Wahrheit kein Beweismittel, weil dies nur die Feststellung von Thatsachen zum Zwecke hat, während der eidliche Ausspruch einer Partei über das Dasein eines Rechtsverhältnisses deshalb, weil dieses „stets ein Stück Rechtstheorie mit in sich schließt“ — wie v. Savigny sich ausdrückt — den Schwörenden zum Richter in der eigenen Sache macht. Der Eid über Rechtsverhältnisse ist daher im Grunde kein prozessualischer Akt, wenn er auch innerhalb des Prozeßverfahrens erfolgt; es wird durch einen solchen Eid ein Vergleich über die ganze Streitfrage, oder einen Inzidentpunkt geschlossen, ebenso gut, wie der Vergleich von jedem andern Ereigniß abhängig gemacht werden könnte. Das Wesentliche ist der Umstand, daß die Parteien nach der vollzogenen oder unterbliebenen Eidesleistung implicite das Vorliegen oder Nichtvorhandensein eines bestimmten Rechtsverhältnisses übereinstimmend konstatirten und die weitere Prüfung der Frage dadurch, daß sie nun unstreitig geworden war, erledigten. Die Vereinbarung über einen streitigen Inzidentpunkt, bestehe er in einer Thatsache oder einem Rechtsverhältniß, ist auch heut noch zulässig, jedoch so, daß die Parteien die Existenz oder Nichtexistenz dieses Umstandes besonders anerkennen müssen; auf welche Art sie denselben für sich unstreitig gemacht haben, tangirt den Prozeß selbst nicht — mag das Anerkenntniß nun Folge einer von den Parteien selbst angestellten Untersuchung oder eines Vergleiches sein. Der Unterschied zwischen dem römischen und dem heutigen Recht besteht nur darin, daß in jenem die Leistung oder Nichtleistung des Eides über das Rechtsverhältniß eine besondere Anerkennung des Rechtszustandes seitens der Parteien erübrigte, grade wie dies bezüglich des Eides über eine Thatsache noch heut der Fall ist; nur wenn der Eid *in iure* geschworen wurde, trat die weitergehende Wirkung ein, daß das Prozeßverfahren selbst ohne Weiteres erledigt war, während bei dem Eidesverfahren in iudicio der iudex, ganz wie dies heut der Fall ist, das Urtheil abzufassen hatte.

Wenn nun auch der Eid nach römischem Recht nicht die Feststellung einer Thatsache[78]), sondern den Vergleich über ein Rechtsverhältniß betraf, so enthielt er doch keine Dispositionsbefugniß der Parteien, innerhalb des Streitverhältnisses, sondern er war ein Vergleich über ein Recht und zwar über das streitige Rechtsverhältniß selbst, welches dem Streitverhältniß zu Grunde lag, oder über ein anderes Rechtsverhältniß, welches in dem Streitverhältnisse zur Sprache kam.[79])

Der Eid hat im römischen Recht demgemäß eine die Streitverhältnisse selbst umbildende Kraft und wird in dieser Hinsicht bald mit der Zahlung, bald mit der Acceptilation, der Novation und Delegation, dem Konstitutum gleichgestellt.[80])

Selbst als Vergleich war er aber kein vom Richter unabhängiges Institut, weil auch bei dem in iure angetragenen Eide für den Delaten die Pflicht bestand, sich über den Eidesantrag durch Annahme oder Relation zu erklären, widrigenfalls gegen ihn die zu beschwörende Thatsache als förmliche Wahrheit festgestellt wurde.[81])

Noch weniger kann der Eid, wie ihn die neuen Gesetzgebungen und auch das gemeine Recht zulassen, als ein Akt der Parteien-Disposition erachtet werden, weil er heut wesentlich Beweismittel über Thatsachen ist. Es wird die Gegenpartei gewissermaßen zum Zeugen über eine Thatsache aufgerufen. Die Eidesnorm bestimmt der Richter, er verwirft ebenso den Eidesantrag, wenn die Thatsache schon anderweit festgestellt ist.

Der Eidesvertrag kommt daher nicht durch den unabhängigen Willen der Parteien, sondern nur unter der Aufsicht und Mitwirkung eines Richters zu Stande.[82])

Die Leistung des Eides durch einen Mandatar mit gegnerischem Konsense (§. 283 der hannöverschen Prozeßordnung, §. 314 Allgemeine Gerichts-Ordnung) enthält die Ausdehnung der Stellvertretung auf

---

[78]) v. Savigny, System des heutigen römischen Rechts Bd. 7. S. 64.

[79]) l. 2, l. 26. §. 2, l. 35. §. 1. D. 12. 2, cf. v. Savigny a. a. O. S. 65. 88.

[80]) v. Savigny a. a. O. S. 64. und die dort zitirten: l. 21, l. 27, l. 28. §. 1, l. 35. §. 1, D. 12. 2, l. 40. eodem, l. 26. §. 2. eodem, l. 25. §. 1, D. 13. 5.

[81]) l. 34. §. 6. D. 12. 2. ait Praetor, eum a quo iusiurandum petetur, solvere aut iurare cogam; cf. v. Savigny l. c. S. 72. 73.

[82]) v. Savigny S. 85. 86. 90.

eine Prozeßhandlung, die von der Partei regelmäßig selbst vorzunehmen ist. Das preußische Recht kennt eine Ausnahme von diesem Grundsatze nur zu Gunsten souveräner Fürsten und „der im Lande begüterten Häuser der vormals reichsständischen Familien." Der Eid ist wesentlich ein religiöser Akt, als die Anrufung Gottes, und bei einem solchen erscheint die Stellvertretung so wenig zulässig, wie ich überhaupt mein religiöses Gefühl einem Andern nicht übertragen kann. Der Konsens des Gegners enthält in sich Nichts, wodurch, nach der Natur der Sache, diese Uebertragung ermöglicht würde, und da der Beweis dem Richter geführt wird, die Parteien aber sich von diesem Grundsatze nicht emanzipiren können, weil darauf die ganze Bedeutung des Prozesses beruht: so muß de lege ferenda eine derartige Vorschrift verwerflich erscheinen.

Wenn §. 522 des preußischen Entwurfs den Richter für befugt erachten will, den Eid in anderer Norm, oder von dem Gegner des zur Eidesleistung Vorgeladenen abzunehmen, sofern beide Parteien einverstanden sind: so hat doch immer der Richter die Norm zu prüfen, und die nachträgliche Relation des Eides hat ihren Grund in der Vorschrift des §. 519, wonach der Eid nur vorläufig als angenommen gelten soll, so lange der Delat sich nicht erklärt hat.

Die Zulässigkeit der Relation des Eides nach erfolgter Annahme — lediglich auf das Einverständniß der Parteien hin — (vergl. §§. 294. 300. I. 10. A. G. O.) kann nicht anerkannt werden, schon deshalb, weil ein Hin- und Herschieben des Eides in infinitum die Konsequenz davon wäre, und damit eine Verschleppung des Prozesses statuirt würde. Abgesehen hiervon würde ein solches Verfahren der Heiligkeit des Eides nicht entsprechen. Eine gewissenhafte Partei darf den Eid nicht erst annehmen, wenn sie die unter Eid gestellte Thatsache nicht zu beschwören vermag. Auf bloße Scheu vor dem Schwören kann der Gesetzgeber keine Rücksicht nehmen, da die Partei, welche einen Prozeß führt, sich den Pflichten, welche für sie hieraus entspringen, unterwerfen muß.

Das Einverständniß der Parteien vorausgesetzt, sollen vorgeschlagene Beweismittel zurückgezogen und neue vorgebracht werden können, auch wenn die regelmäßige Frist für dergleichen Erklärungen abgelaufen ist. Es ist schon oben auf die Bedeutung der Fristen und Termine hingewiesen worden, sie sollen der Verschleppung des Prozesses entgegentreten, nicht aber dürfen sie die gründliche Erörterung des Streitfalles gefährden und die Parteien in der gehörigen Wahrnehmung ihrer Gerechtsame beschränken. Die Zulässigkeit der Verlegung von Fristen und Terminen auf übereinstimmenden Antrag und deshalb auch des Vorbringens neuer Beweismittel nach Ablauf der vom Gesetze oder vom Richter bestimmten Frist beruht auf der in dem Antrage liegenden stillschweigenden Erklärung der Parteien, daß die Frist oder die Zeit bis zum Termine zur gehörigen Vorbereitung des erforderlichen Prozeßmaterials nicht ausreichend sei. Der Richter ist aber, wie erwähnt worden, de lege ferenda an diesen Antrag nicht für gebunden zu erklären, wenn demselben lediglich eine offenbare Verschleppung der Sache zu Grunde liegt — aus welchem Grunde man sich zur Rechtfertigung der Relation nach erfolgter Annahme des Eides nicht auf die Zulässigkeit, neue, wenn auch verspätete Beweismittel vorzubringen und vorgebrachte zurückzuziehen, berufen kann — sowie er denn auch, wenn er dem Antrage stattgiebt, nach *seinem* Ermessen die neue Frist und den neuen Termin zu bestimmen hat. Eine besondere Motivirung des übereinstimmenden Antrages der Parteien erscheint überflüssig, weil die Uebereinstimmung das wechselseitige Zugeständniß der Parteien enthält, daß die gegebene Zeit für Beschaffung des Prozeßmaterials nicht genüge. Dagegen wird der Richter dem einseitigen Antrage der Partei auf Aenderung der Frist und des Termins nur stattgeben können, wenn das Gesuch gehörig begründet ist.

Die Zulässigkeit der *Rücknahme* eines Beweismittels beruht auf der stillschweigenden Erklärung, daß es als solches nicht geeignet sei; der Richter wird daher einem übereinstimmenden Antrage der Parteien in dieser Hinsicht stattzugeben haben, so lange das Gegentheil für ihn nicht feststeht. Sobald also die Vernehmung des Zeugen stattgefunden und dessen Aussage den Streitpunkt bestätigt, oder widerlegt hat, wird er die Zurückziehung des Zeugen, auch wenn beide Parteien einig sind, nicht berücksichtigen dürfen — eine *einseitige* Zurückziehung des Beweismittels aber nur soweit, als die Erhebung des Beweises noch nicht stattgefunden hat, weil von da ab das Beweismittel ein gemeinschaftliches wird.

Eine Vereinbarung der Parteien, daß die Aussage eines Zeugen oder Gutachters für die Festsetzung eines Streitpunktes *maßgebend* sein solle (§. 10. No. 5. I. 13. A. G. O.) involvirt, wenn sie vor Abgabe der Aussage erfolgt, einen Vergleich, unter der Bedingung der abzugebenden Aussage, über die Richtigkeit deren Inhalts — wenn sie aber nach Abgabe der Aussage erfolgt, das Zugeständniß der Richtigkeit ihres Inhalts. Im letzteren Falle ist sie, eben als Zugeständniß, unbedenklich zulässig, im ersteren Falle aber wird ihre Zulässigkeit zu verneinen sein, da die Parteien sich nur über Rechte, nicht aber über Thatsachen als solche vergleichen können.

§. 405. I. 16. A. L. R. l. 18 Dig. 2, 15; l. 11 C. 2, 4.

Wollte man die Vereinbarung im ersten Falle als die stillschweigende Erklärung der Parteien ansehen, daß dem Aussagenden volle Glaubwürdigkeit beizumessen sei, so würde hierin ein Eingriff in die Funktion des Richters liegen, welcher als Spruchrichter selbstständig die Glaubwürdigkeit eines Zeugen oder Gutachters zu prüfen im Stande sein muß. Im ersteren Falle ist daher die Vereinbarung als unzulässig zu verwerfen.

Die Vereinbarung über eine Urkundenabschrift, mit der Wirkung, daß sie als gleichlautend mit dem Originale erachtet wird, hat lediglich die Natur eines Zugeständnisses — die Einigung über Vergleichungsstücke bei der Verifikation von Handschriften enthält gleichfalls das Zugeständniß, daß das Vergleichungsstück von demjenigen ge- resp. unterschrieben sei, gegen oder in Bezug auf welchen festgestellt werden soll, daß er eine Urkunde ge- resp. unterschrieben habe.

Was endlich die Uebernahme der Beweislast, welche die hannöversche Prozeßordnung unbedingt zuläßt, anlangt, so kann ihr nicht die Wirkung beigelegt werden, daß der eigentlich Beweispflichtige dadurch von dem onus probandi befreit werde. Diese Pflicht liegt jeder Partei auf Grund des Streitverhältnisses ob, sie kann — nach dem früher Gesagten — von der Gegenpartei ihrer Verbindlichkeit nicht entbunden werden, und zwar umsoweniger, als diese Pflicht auch dem Richter gegenüber besteht und dieser nicht zu der Annahme genöthigt werden kann, eine Thatsache als richtig festzustellen, weil der Gegner des Beweispflichtigen ihre Unrichtigkeit nicht nachgewiesen habe. Es enthielte dies einen offenbaren Eingriff in die spruchrichterliche Funktion; der Richter würde zu einer die Entscheidung bedingenden Schlußfolgerung genöthigt, welche auf einer Abänderung der Gesetze der gesunden Vernunft beruhen würde.

§. 50.

Gemeinsame Disposition in den höheren Instanzen.

Die Vereinbarung der Uebergehung einer Instanz — welche der preußische Entwurf nach Inhalt der Motive zu §. 1. (S. 11) nicht zugelassen — enthält einerseits das unzulässige Kompromiß auf eine Gerichtsbehörde als solche (cfr. §. 1366 Entw.) andererseits die Wahl des Gerichtsstandes bei einem Gericht, welches lediglich sich mit Prüfung schon ergangener richterlicher Verfügungen und Entscheidungen befassen soll und in Bezug auf welches sonach eine prorogatio fori unstatthaft ist (§. 35. Nr. 6 des Entwurfs).

Die Zulassung der Appellation bei schon versäumter Frist und nicht appellablem Objekt — bei stillschweigender oder ausdrücklicher Einwilligung des Appellaten — (§. 416 hannöversche Prozeßordnung) ist nicht gerechtfertigt. Die Gegenpartei hat nicht das Recht, auf Beobachtung von Formen und Bedingungen zu verzichten, unter welchen der Gesetzgeber ein Rechtsmittel zugelassen hat. Diese Formen sind gerade hier eine unerläßliche Nothwendigkeit des Prozeßrechts, und aus demselben Grunde, aus welchem der Gesetzgeber ihre Nichtbeobachtung in einem solchen Falle für zulässig erklärt, müßte ihre Beseitigung durch den Willen der Partei in allen Fällen zugelassen werden. Dadurch würde aber der ganze Prozeß-Organismus über den Haufen geworfen und es würden damit die früher erwähnten Nachtheile entstehen, welche die Formlosigkeit des Verfahrens zur Folge haben würden. Den Willen der Parteien als Rechtsgrund gelten zu lassen, ist obenein nach dem hierüber Gesagten völlig ungerechtfertigt. Mit dem Streitverhältniß hat die Partei auch dem Richter gegenüber Pflichten übernommen, von deren Erfüllung sie weder sich selbst, noch die Gegenpartei ebensowenig befreien kann, wie bei jeder andern Obligation, deren Aufhebung oder Aenderung ohne die Einwilligung sämmtlicher Betheiligten resp. Berechtigten nicht möglich ist. Der Richter ist aber garnicht in der Lage, einzuwilligen, wie dies schon früher motivirt worden ist, er ist an die vom Gesetzgeber bestimmte Form gebunden, er ist — um auf den vorliegenden Fall zu exemplifiziren — nur dann als Berufungsrichter kompetent, wenn die Voraussetzungen seiner Kompetenz: die Beobachtung einer gewissen Frist und die Qualifikation des Gegenstandes als Berufungs-Objekt vorliegen. Eine Entbindung des Richters durch den Gesetzgeber auf Grund des Willens der Parteien bewirkt einen Widerspruch gegen den vom Gesetze bestimmten Begriff des Berufungsrichters. Der Einfluß, welcher dem Willen der Parteien eingeräumt würde, hätte eben nicht bloß die Natur einer Einschränkung der Regel, einer Ausnahme, sondern statuirte den verwerflichen Satz: das Belieben der Parteien, das Gesetz nicht zu beobachten, setzt dieses außer Kraft.

Wollte man selbst auch die Aenderung der Nothfristen beim Einverständniß der Parteien aus dem nämlichen Grunde zulassen, wie die Aenderung von Fristen überhaupt, so ist doch noch ein erheblicher Unterschied zwischen der Aenderung einer Frist vor ihrem Ablauf oder nach demselben. Nach dem Ablauf ist die Folge des Gesetzes unmittelbar eingetreten, das Rechtsmittel ist desert; tritt vor ihrem Ablauf eine Verkürzung oder Verlängerung durch Verfügung des Richters ein, dann wäre für den Berufungsrichter nur die vom Richter bestimmte Frist als die gesetzliche maßgebend.

Der §. 619 des preußischen Entwurfs, welcher die Verwerfung der Berufung von Amtswegen nur dann eintreten läßt, wenn der Gegenstand des Rechtsstreites offenbar nicht berufbar ist, beruht, wie die Motive, S. 149, ergeben, nicht sowohl auf der Einwilligung der Parteien, als auf dem Geständniß derselben, daß dem Gegenstande eine appellable Qualifikation beiwohne — eine Parteierklärung, welche bei zweifelhafter Sachlage völlig zulässig erscheint.

Nach dem preußischen Entwurf hat das Berufungsgericht materiell zu entscheiden, mit Ausnahme des Falles, wenn der erste Richter inkompetent war und der Berufungs-Richter nicht die höhere Instanz für den zuständigen Richter erster Instanz bildet. Diese Ausnahme soll nach §. 639 cessiren, wenn die Parteien gemeinschaftlich die materielle Entscheidung durch den Berufungsrichter beantragen. Es wird dadurch gewissermaßen auf diesen Richter kompromittirt, oder eine prorogatio fori hergestellt. Mag nun das Eine oder Andere der Fall sein — in jedem Falle erscheint diese Concession an den Willen der Parteien unzulässig. Als Kompromiß, weil auf eine Behörde als solche (auch nach dem Entwurf §. 1366) nicht kompromittirt werden kann, überdies auch die vollständigen Requisite eines Kompromisses in einem solchen Falle fehlen — als prorogatio fori, weil die Uebergehung einer Instanz sich als unzulässig ergeben hat, auch nach dem preußischen Entwurfe (§. 1, Motive S. 11) ausgeschlossen ist.

Die im §. 411 l. c. der hannöverschen Prozeßordnung zugelassene Vereinbarung der Parteien, daß die Entscheidung über die nicht angefochtenen Punkte bis nach ergangenem Urtheil über die angefochtenen ausgesetzt bleibe, involvirt die Abrede über Aussetzung (Unterbrechung) des Verfahrens und kann, so wenig wie diese letztere selbst, für zulässig erachtet werden.

§. 51.

Die Verhandlungsmaxime.

Es bleibt noch übrig, von der „Verhandlungsmaxime" zu sprechen, welche als ein Ausfluß der Dispositionsbefugniß der Parteien bezeichnet wird.

Die Bedeutung jener Maxime wird im Wesentlichen in den drei Sätzen erschöpft:

a) ne procedat iudex ex officio;

b) ne eat iudex ultra petita partium;

c) quod non est in actis, non est in mundo.[83])

Alle diese Sätze wurzeln in dem Grundsatze, daß es Sache der Parteien ist, das zur Entscheidung des streitigen Rechtsverhältnisses erforderliche Material zu beschaffen, und sonach durch dasselbe die Thätigkeit des Richters und ihr Umfang bestimmt wird. Die Parteien haben keinen Anspruch darauf, daß der Richter für sie die Prozeßführung übernehme. Sie haben die Pflicht, ihre Gerechtsame selbst wahrzunehmen, und zwar so gesetzmäßig, vollständig und gewissenhaft, als möglich. Diese Pflicht — von welcher früher gezeigt worden, daß sie sich aus der Natur des Streitverhältnisses von selbst ergiebt — und unter den Parteien wechselseitig gegen einander und gegen den Richter besteht, ist ein Recht der Parteien genannt worden, indem man demselben die Verbindlichkeit des Richters gegenüber stellte, sich der Prozeßführung für die Partei zu enthalten. An sich hätte von dieser Verbindlichkeit des Richters gar nicht die Rede sein können, da dieser gerade das Recht hat, von der Partei die Erfüllung der bezeichneten Pflicht zu fordern und die Verbindlichkeit gegen den Berechtigten nicht als ein Recht gegen denselben charakterisirt werden kann, so gewiß von demjenigen, welcher eine Summe dem Anderen zu zahlen verpflichtet ist, nicht gesagt werden kann, er habe das Recht, an den Anderen die Summe zu zahlen, oder der Andere habe die Pflicht, sich gegenüber den Einen verpflichtet sein zu lassen. Diese Verkehrung von Pflicht in Recht ist vielleicht durch die Auffassung der preußischen Gerichtsordnung veranlaßt worden, indem nach dieser der Richter verpflichtet ist, die Parteien in der Prozeßführung, so weit als nur möglich, zu unterstützen,

I. 10. §. 1. A. G. O.,

ohne daß jedoch irgendwie die Absicht vorgewaltet hat, die Parteien von ihrer Pflicht zu entbinden. Von diesem, nach preußischem Prozeßrecht möglichst ausgedehnten, aber irrig beurtheilten officium iudicis suppletorium hat man nun angenommen, daß es das Recht der Parteien, über das Ihrige zu verfügen, verletze, während in Wahrheit die preußische Prozeßordnung die Parteien nur zur Erfüllung ihrer Pflichten möglichst anhalten und die Ausübung derselben ihnen erleichtern wollte.

Es ist daher durchaus irrig, den Gegensatz des preußischen und gemeinen Prozeßrechts darein zu setzen, daß jenes mit seiner Unter-

[83]) Wetzel a. a. O. S. 369—373, v. Bayer a. a. O. S. 32.

suchungsmaxime die Dispositionsbefugniß der Parteien aufhebe, dieses mit seiner Verhandlungsmaxime sie anerkenne, und zwar so, daß letztere gerade auf der Dispositionsbefugniß beruhe.

Diese Unterscheidung beider Rechte ist nach Vorstehendem eben so irrig, wie das mit dem Verhandlungsprinzip in Causalzusammenhang gebrachte Dispositionsrecht der Parteien.

Von den letzteren kann nach dem Gesagten in der beregten Beziehung gar nicht die Rede sein. Das Verhandlungsprinzip beruht auf der aus der Prozeßobligation für die Parteien resultirenden erwähnten Pflicht, nicht aber auf einem Dispositionsrechte derselben. Ein wirklicher Gegensatz zwischen beiden Maximen besteht in Wahrheit nicht. Auch die Verhandlungsmaxime erkennt das officium iudicis an, und der Unterschied zwischen beiden Prinzipien liegt nicht auf Seiten der Parteienthätigkeit, sondern lediglich in der Ausdehnung der richterlichen Pflicht, für welche ohnehin eine strenge Grenze sich nicht ziehen läßt.[84])

§. 52.
Anwendung des Resultats.

Die angestellten Untersuchungen führen zu dem Resultate, daß eine Dispositionsbefugniß der Parteien über das Streitobjekt nach dem mit diesem Begriffe verbundenen Sinne, ein unwissenschaftliches und deshalb ungerechtfertigtes Prinzip ist und daß diejenigen Rechtssätze, welche auf dieses Prinzip zurückgeführt werden, theils unhaltbar erscheinen, theils, so weit sie begründet sind, ihre Berechtigung aus ganz andern Grundsätzen als der Dispositionsbefugniß der Parteien herleiten.

Eine neue Prozeßgebung darf daher die letztere nicht als ein Element des Prozeßrechts anerkennen, muß vielmehr solcher Normen, welche *lediglich* in jenem unrichtigen Prinzipe ihren Grund haben, sich enthalten und das letztere selbst ausdrücklich verwerfen, dagegen solchen Bestimmungen, welche aus andern Rechtsprinzipien herzuleiten sind, eine Fassung geben, durch welche der Schein einer Anerkennung der Dispositionsbefugniß ausgeschlossen wird. Sie vollständig als selbstverständlich zu übergehen, ist nicht zweckmäßig, weil alsdann, um die Ausschließung aus der Fortlassung nicht folgern zu können, eine ausdrückliche Aufnahme aller derjenigen Rechtsgrundsätze nothwendig wäre, aus welchen solche Normen abzuleiten sind, die aus der Dispositionsbefugniß der Parteien ihren Grund nur zu entnehmen *scheinen*. Dagegen

[84]) Mittermaier, der gemeine deutsche bürgerliche Prozeß I. Beitrag Nr. VIII. (Verhandlungs- und Untersuchungs-Prinzip) und Brackenhöft a. a. O. § 143. S. 355. squ.

liegt andererseits für den Gesetzgeber kein Anlaß vor, alle möglichen Fälle, in welchen ein solcher Schein entstehen könnte, aufzuführen, es ist dies einerseits schlechterdings unmöglich, andererseits aber unnöthig, wenn die Dispositionsbefugniß der Parteien ausdrücklich reprobirt wird. Es genügt daher, diejenigen solcher Fälle zu erwähnen, welche gewöhnlich den Gegenstand gesetzlicher Normen bilden.

Verlag von J. Guttentag in Berlin
(Guttentag und Vahlen).

Berichtigungen.

S. 4 Zeile 14 von oben „Gutachter" statt „Gutachten".
„ „ Zeile 16 von oben „Gutachtern" statt „Gutachten".
S. 8 Zeile 6 von unten „calvitur" statt „caloitur".
S. 10 Zeile 16 von oben „vorbereitet" statt „verbreitet".
S. 13 Zeile 9 von oben „requiratur" statt „requiratus".
S. 14 Zeile 24 von oben „deductum" statt „dedoctum".
S. 16 Zeile 4 von oben „actio" statt „actis".
S. 19 Zeile 2 von oben „den" statt „der".
„ „ Zeile 8 von oben „Prorogation" statt „Prorogative".
S. 21 Zeile 1 von unten „iubeto" statt „inbeto".
S. 25 Zeile 2 von oben „Rache" statt „Sache".
S. 32 Zeile 24 von oben „Verhandlungs-Maxime" statt „Behandlungs-Maxime".
S. 49 Zeile 5 von oben „zuzugeben" statt „zugegeben".
S. 60 Zeile 8 von unten „Prozeßformen" statt „Prozeßarten".
S. 73 Zeile 14 von oben „durch Rücknahme eine" statt „die Rücknahme einer".
„ „ Zeile 15 von oben „deduzirte" statt „deduzirten".

Gedruckt in der Berliner Associations-Buchdruckerei (Urbat u. Genossen).

FSC
www.fsc.org
MIX
Papier | Fördert gute Waldnutzung
FSC® C083411

Kolibri 360 GmbH
Ferdinand-Jühlke-Straße 7
99095 Erfurt, Deutschland
produktsicherheit@kolibri360.de